Reise
IN DIE
Vergangenheit

Entwurf und Realisation: Atlantic Publishing
Text: K. M. Santon
Beratung: Fiona Waters

Realisation der deutschen Ausgabe:
trans texas publishing, Köln
Übersetzung: Heinrich Degen, München
Lektorat: Ralf Burau, Mönchengladbach
Satz und Projektmanagement:
Nazire Ergün, Köln

ISBN 978-1-4454-3210-6
Printed in Indonesia

Reise
IN DIE
Vergangenheit

K. M. SANTON

Parragon

Bath • New York • Singapore • Hong Kong • Cologne • Delhi
Melbourne • Amsterdam • Johannesburg • Auckland • Shenzhen

INHALT

Die Welt des Altertums

1 Chaco Canyon
2 Tenochtitlán
3 Teotihuacán
4 Palenque
5 Sipán
6 Machu Picchu
7 Hadrianswall
8 Stonehenge
9 Lascaux
10 Rom
11 Pompeji und Herculaneum
12 Knossos
13 Troja
14 Mykene
15 Athen
16 Sparta
17 Leptis Magna
18 Karthago
19 Memphis
20 Theben
21 Groß-Simbabwe
22 Jericho
23 Ur
24 Persepolis
25 Babylon
26 Mohenjo-Daro
27 Ninive
28 Uluru

Europa
Asien
Afrika
Indischer Ozean
Australien
Pazifischer Ozean
7
8
9
10
11
12
13
14
15
16
17
18
19
20
21
22
23
24
25
26
27
28

EINLEITUNG

Die Menschen der Vergangenheit haben Spuren ihres Lebens hinterlassen. Archäologen suchen nach diesen Spuren und erforschen sie, um mehr Erkenntnisse über unsere Geschichte zu gewinnen. Einige Zeugnisse alter Kulturen sind gut sichtbar wie die Pyramiden in Ägypten, andere sind im Boden verborgen. Manche werden zufällig gefunden, andere durch systematisches Suchen. Archäologen graben Ruinen aus und bergen Fundstücke wie Tongefäße, Werkzeuge, Kleidungsstücke und Schmuck. Sie entdecken aber noch andere Dinge, die uns viel über das Alltagsleben erzählen können, wie etwa Grassamen oder Tierknochen. Manchmal stoßen sie sogar auf menschliche Überreste. All dies hilft uns, unsere Vergangenheit besser zu verstehen.

FRÜHES EUROPA

Der Mensch entwickelte sich über Millionen von Jahren. Fachleute glauben, dass der *Homo sapiens*, unser direkter Vorfahre, vor rund 35 000 Jahren in Europa eingewandert ist. Zunächst zog er als Jäger und Sammler auf der Suche nach Nahrung herum und lebte in Höhlen oder Unterständen, die aus Holz und Tierhäuten gebaut waren. Nach vielen Tausend Jahren wurden die Menschen sesshaft und begannen, Landwirtschaft zu betreiben. Etwa um 2300 v. Chr. lernten sie, aus Metallen wie Bronze und später Eisen Werkzeuge, Waffen und andere Gebrauchsgegenstände zu fertigen. Archäologen fanden zahlreiche davon bei Grabungen. Viele der frühen Völker hinterließen an ihren Siedlungsstätten oft gewaltige Monumente aus Stein und andere Spuren ihrer Kultur.

Jäger der Eiszeit

In der letzten Eiszeit, die vor rund 100 000 Jahren einsetzte, waren große Teile der Erde von Eis bedeckt. Es gab aber kältere und wärmere Perioden, der Meeresspiegel sank und stieg. Die Menschen begannen – den Jagdtieren auf der Spur – um die Welt zu wandern.

Interessantes

- **Die Menschen der Eiszeit konnten bereits Feuer machen. In der Chauvet-Höhle in Südfrankreich fanden Archäologen Spuren von Feuer und an den Wänden Stellen mit Rußresten von Fackeln.**

Menschen in Europa

Eine der frühen Menschenarten, der Neandertaler, war offenbar besonders gut an das Leben in kühlen Gebieten angepasst. Als sich das Klima erwärmte, drängte der *Homo sapiens*, unser direkter Vorfahre, in die vom Neandertaler bewohnten Regionen. In dieser kroatischen Höhle fand man Neandertalerknochen.

Neandertaler

Der Schädel des Neandertalers ist länger und flacher als der des modernen Menschen. Die Knochenpartie über den Augen tritt hervor. Neandertaler waren kleiner und gedrungener, als wir es sind.

Werkzeuge

Die frühen Menschen fertigten Werkzeuge aus Stein. Speziell Feuerstein bekam durch Abschlagen dünner Steinsplitter scharfe Kanten. Dieser Feuerstein-Axtkopf wurde in England gefunden. Man schätzt, dass er mehr als 100 000 Jahre alt ist.

Schon gewusst?
Die Heimat des Homo sapiens liegt vermutlich in Afrika. Bis etwa 9000 v. Chr. aber hatte er sich über fast alle Kontinente verbreitet.

Ein Höhlengemälde aus der Eiszeit in Lascaux, Frankreich

Höhlenmalerei

Vor rund 30 000 Jahren schufen Menschen die ersten Kunstwerke. Im Westen Europas bemalten sie die Wände von Höhlen. Meist wurden Tiere und Jagdszenen dargestellt. Man fand aber auch Skulpturen von Tieren und Menschen.

Man weiß nicht genau, warum solch farbenprächtige Kunstwerke an nur schwer zugänglichen, dunklen Orten geschaffen wurden. Vielleicht sollten sie Erfolg bei der Jagd bringen.

Megalithe in Europa

Vor rund 6000 Jahren breitete sich die Landwirtschaft vom Nahen Osten nach Europa aus. Diesen Geschichtsabschnitt bezeichnet man als Jungsteinzeit. In vielen Teilen Westeuropas wurden damals gewaltige Steinbauten errichtet, die sogenannten Megalithe. Viele dieser Monumente sind älter als die Pyramiden in Ägypten.

Stonehenge in Südwestengland

Steinmonumente

Stonehenge ist das bekannteste Megalith-Bauwerk, doch es gibt viele andere in Frankreich, Irland und Großbritannien. Carnac in der Bretagne ist mit mehr als 3000 Menhiren (Hinkelsteine) die größte Megalithstätte in Europa. Niemand weiß, warum man diese Monumente schuf, vermutlich hatten sie auch religiöse Bedeutung.

Carnac

Interessantes

- Auf den schottischen Orkneyinseln fand man Häuser aus der Jungsteinzeit mit Möbeln aus Stein.
- Einige, aber nicht alle Megalithmonumente dienten als Grabstätten. Sie könnten über viele Hundert Jahre in Gebrauch gewesen sein.

Schon gewusst?

Im September 1991 entdeckten zwei Bergsteiger in den Alpen eine Leiche. Es stellte sich heraus, dass der Mann vor über 5000 Jahren durch einen Pfeilschuss umgekommen war. Einige seiner Habseligkeiten wie ein Köcher und ein Rucksack sowie seine Kleidung waren erhalten. Er ist als Ötzi, der Eismann, bekannt.

Bronzezeit

Etwa um 2300 v. Chr. begann die sogenannte Bronzezeit. Zunächst fertigte man nur wenige Werkzeuge aus Metall und benutzte vorrangig Steinwerkzeuge, doch das änderte sich allmählich.

Die Metalle Kupfer und Zinn, die man zur Herstellung von Bronze benötigt, findet man nicht überall. Der Handel und mit ihm die Siedlungen entwickelten sich, als die Menschen andere Dinge gegen die begehrten Metalle eintauschten. Man schmiedete aus Bronze Waffen wie etwa Schwerter.

Ein Schild aus der Bronzezeit

Die Eisenzeit in Europa

In den letzten Jahrhunderten v. Chr. begann man überall in Europa, aus Eisen Waffen und Werkzeuge herzustellen. Archäologen fanden zahlreiche Waffen wie Schwerter und Speerspitzen, was vermuten lässt, dass die Eisenzeit eine ziemlich kriegerische Zeit war.

Stämme und Völker

Die Menschen der europäischen Eisenzeit hinterließen keine schriftlichen Aufzeichnungen. Doch Griechen und später auch die Römer berichteten über sie. Die Römer bezeichneten diese Stämme als Barbaren und hielten sie für unzivilisiert. Heute nennt man sie Kelten.

Es gab viele einzelne, von Häuptlingen geführte Keltenstämme, die sich häufig gegenseitig bekriegten. Die Römer unterwarfen die meisten dieser Stämme und machten keltische Gebiete wie das heutige Großbritannien und Frankreich zu Teilen des Römischen Reichs.

Interessantes

- **Die Hethiter, die im Gebiet der heutigen Türkei lebten, waren die Ersten, die um 1500 v. Chr. die Verarbeitung von Eisen erlernten.**
- **Aus Eisen fertigte man Waffen und Werkzeuge. Für dekorative Gegenstände nahm man eher Bronze, weil dieses Metall leichter zu verarbeiten war.**

Die Befestigungsanlagen von Maiden Hill, einem eisenzeitlichen Burgwall in England

Dörfer und Städte

In der Eisenzeit gab es ganz unterschiedliche Siedlungsformen, von einzeln stehenden, runden Bauernhäusern bis hin zu größeren Orten wie Biskupin in Polen. Durch Holzanalysen weiß man, dass dieses große Dorf 738–737 v. Chr. ganz aus Holz errichtet wurde. Hier sind die rekonstruierten Schutzwände von Biskupin zu sehen.

Eine Öllampe aus Hallstatt

Bergwerke

Die Menschen der Eisenzeit gruben Minen, wie in Hallstadt in Österreich, zum Abbau von Salz. Dort fand man lederne Rucksäcke der Bergleute aus jener Zeit.

Moorleichen

Viele Relikte aus der Eiszeit, darunter auch Leichen, fand man in Mooren. Die bekannteste Moorleiche, der Tollund-Mann, stammt aus Dänemark. Er sieht sehr friedlich aus, wurde aber erdrosselt. Vielleicht opferte man ihn den Göttern.

Schon gewusst?

Bedeutende Personen trugen einen sogenannten Torques, einen metallenen Halsreif. Einige Krieger zogen, bis auf ihren Torques völlig nackt, in den Kampf.

ALTES ÄGYPTEN

Vor rund 5000 Jahren entwickelte sich in Ägypten am Nil eine beeindruckende Zivilisation. Diese Kultur bestand 3000 Jahre und schuf in dieser Zeit einige der berühmtesten, jemals von Menschen geschaffenen Bauwerke. Daneben hinterließen die Ägypter aber auch viele alltägliche Gegenstände und Wandgemälde, die uns einen Einblick in ihr Leben ermöglichen, sowie die mysteriösen Mumien, die für ihre Jenseitsvorstellung so wichtig waren.

Der Nil

Bei dem jährlichen Hochwasser lagerte der Nil fruchtbaren Schlamm an seinen Ufern ab. Die Ägypter nutzten den Boden zum Ackerbau und den Fluss zum Fischfang. Sie nannten ihr Land „Kemet“, was „Schwarzes Land“ bedeutet und sich auf den fruchtbaren, dunklen Boden bezieht.

Das alte Ägypten

Die altägyptische Kultur bestand von etwa 3100 v. Chr. bis 30 v. Chr., als Ägypten Teil des Römischen Reichs wurde. Die wichtigsten Zeitabschnitte bezeichnet man als Altes, Mittleres und Neues Reich. Jede dieser langen Perioden untergliedert sich in Dynastien, also Herrscherfamilien.

Schon gewusst?
Bei der Ernte halfen alle mit, auch Frauen und Kinder. Manchmal wurden auch Sklaven, Straftäter oder Armeeeinheiten dafür eingesetzt.

Dieses Wandgemälde aus einem Grab zeigt Ägypter beim Pflügen und Säen.

Siedlungen am Fluss

In dem Uferstreifen zwischen Nil und Wüste entstanden Dörfer und Städte. Memphis, im Norden des Landes, war die erste Stadt. Die einfachen Ägypter lebten in kleinen Häusern, die aus Lehmziegeln gebaut wurden. Um die Häuser kühl zu halten, waren die Fenster winzig und die Küche im Freien untergebracht. Die Wohlhabenden besaßen größere Häuser mit einem Innenhof und oft einen Garten mit Teich und Bäumen.

Die Ruinen von Memphis

Landwirtschaft und Ernährung

Aus Wandgemälden, schriftlichen Aufzeichnungen und sonstigen archäologischen Funden erfährt man viel über die Landwirtschaft und Essgewohnheiten im alten Ägypten. Mit Hacken oder Pflügen, die von Rindern gezogen wurden, bearbeitete man den Boden. Die Bauern säten Weizen und Gerste, zudem züchteten sie Rinder, Schafe, Ziegen, Gänse und Enten. Hauptnahrungsmittel war Brot, daneben gab es Gemüse, Obst, Fisch und Fleisch. Beliebt waren neben Bohnen, Kichererbsen und Linsen auch Knoblauch und Zwiebeln. Man aß auch Kopfsalat, Gurken und süße Datteln. Zur Herstellung von Leinen wurde Flachs angebaut.

Schon gewusst?
Nur reiche Leute aßen häufiger Fleisch, das sich wegen der Hitze nur kurz frisch halten ließ.

Die Königreiche

Am Nil entwickelten sich mit Ober- und Unterägypten zwei unabhängige Königreiche. Unterägypten lag im Norden im Bereich des Nildeltas, Oberägypten zog sich über Hunderte von Kilometern südwärts den Fluss entlang.

Vereinigung der Reiche

Um 3100 v. Chr. eroberte der oberägyptische König Narmer Unterägypten und vereinte die beiden Königreiche. Als gemeinsame Hauptstadt errichtete man Memphis in der Nähe des Nildeltas. Die Herrscher trugen jetzt eine Doppelkrone, kombiniert aus der roten ober- und der weißen unterägyptischen.

Diese Prunkpalette zeigt König Narmer mit der spitzen, weißen Krone Unterägyptens beim Sieg über seine Feinde.

Statuen aus einem Grab des Alten Reichs

Altes Reich

Um 2680 v. Chr. kam die 3. Dynastie an die Macht, und der heute als Altes Reich bezeichnete Geschichtsabschnitt begann. Die mächtigen Könige regierten das riesige Land mithilfe von Provinzgouverneuren (Gaufürsten). Diese Periode dauerte rund 500 Jahre. König Pepi II. überlebte alle seine Söhne, und nach seinem Tod stritten die Gaufürsten jahrelang um seine Nachfolge.

Mittleres Reich

Das Mittlere Reich begann etwa 2055 v. Chr. Ägypten war wieder befriedet und wurde durch den zunehmenden Handel wohlhabender. Die Herrscher der 12. Dynastie eroberten das benachbarte Nubien (heute Sudan). Aber die Macht der Könige verblasste allmählich. Um 1750 v. Chr. drangen die Hyksos aus Vorderasien in Ägypten ein und begannen, den Norden des Landes zu okkupieren.

Neues Reich

König Ahmose I. gelang es um 1550 v. Chr., die Hyksos zu besiegen und aus Ägypten zu vertreiben. In den folgenden 500 Jahren erfreute sich Ägypten einer stabilen Regierung. Man bezeichnet diesen Abschnitt als Neues Reich. Der Handel blühte, und dank seiner neu geschaffenen Berufsarmee konnte Ägypten neue Gebiete erobern. Die Könige erbauten viele prächtige Tempel und Grabstätten.

Zeittafel

ca. 3100 v. Chr.
Einigung Ägyptens

ca. 2680 v. Chr.
Altes Reich

ca. 2055 v. Chr.
Mittleres Reich

ca. 1550 v. Chr.
Neues Reich

30 v. Chr.
Ägypten wird Teil des Römischen Reichs.

Das Grab des Ti in Sakkara stammt aus dem Alten Reich.

Der Tod und das Jenseits

Die alten Ägypter glaubten an ein Jenseits, in das sie nach dem Tod eintreten würden. Mit großer Sorgfalt bereiteten sie all die Dinge vor, die sie für die Reise ins Jenseits brauchten.

Vorbereitungen für die Reise

Nach Überzeugung der Ägypter brauchten die Geister für ein Weiterleben nach dem Tod den menschlichen Körper, der entsprechend präpariert werden musste. Man vollzog bestimmte Zeremonien und gab dem Toten all die Dinge mit, die er im Jenseits brauchen würde. Dann konnte die Reise ins Jenseits beginnen.

Interessantes

- Man hatte Angst, außerhalb Ägyptens zu sterben, weil dort die Begräbnisrituale nicht vollzogen werden konnten.
- Beerdigungen endeten zu Hause mit einem Fest. Vermutlich traten Akrobaten und Tänzerinnen auf.

Manchmal gab man den Verstorbenen sogenannte Uschebtis mit ins Grab. Diese kleinen Holzfiguren sollten ihnen im Jenseits als Diener zur Seite stehen.

Die Reise

Ein Verstorbener musste sich, bevor er in die andere Welt eintreten durfte, zunächst einem Totengericht stellen. Zur Gerichtshalle gelangte er auf einer gefährlichen Reise, bei der unter anderem zwölf von Monstern bewachte Tore zu passieren waren. Zaubersprüche sollten ihn vor diesen Gefahren schützen.

Schon gewusst?

In die Gräber legte man sogenannte Totenbücher – Bücher mit Zaubersprüchen und anderen nützlichen Hinweisen für den Toten. Meist waren sie auf Papyrus geschrieben, manchmal auch in die Innenseite des Sarges oder die Mauern der Grabkammer eingemeißelt.

Totengericht

Schließlich erreichte der Verstorbene die Halle der zwei Wahrheiten, wo sein Herz gegen alle seine Taten zu Lebzeiten aufgewogen wurde. Dies war der entscheidende Augenblick. Bestand die Person die Prüfung, durfte sie für ein ewiges Leben ins Jenseits eintreten. Bei einem negativen Urteil wurde das Herz von einer Totenfresserin verschlungen, und die Person konnte nicht weiterleben.

Der Gott Anubis wiegt ein Herz.

Mumien

Damit eine Person im Jenseits glücklich leben konnte, musste ihr Körper erhalten bleiben. Diese konservierten Körper nennt man Mumien.

Mumifizierung

Die Balsamierung war eine Möglichkeit, den Körper vor dem Verwesen zu schützen. Dieser Prozess dauerte rund 70 Tage und wurde von Spezialisten übernommen. Er fand meist am Westufer des Nils, abseits der Wohngebiete, statt.

Interessantes

- **Das Herz verblieb im Körper, damit es im Jenseits gewogen werden konnte. Es war das wichtigste Organ.**
- **Wenn eine Person zu Lebzeiten ein Körperteil verloren hatte, wurde etwa ein fehlendes Bein bei der Mumifizierung durch ein künstliches Bein ersetzt.**

Schon gewusst?

Früher mussten die Wissenschaftler eine Mumie auswickeln, um sie genauer zu untersuchen. Heute verwendet man Röntgengeräte, die durch die Bandagen hindurchschauen können.

Entfernen der Organe

Die Balsamierer entfernten zunächst einige Organe: Lunge, Leber, Eingeweide, Magen und Gehirn. Bis auf das Gehirn wurden sie in spezielle Gefäße, die Kanopen, gefüllt und mit der Mumie bestattet. Links ist ein Kanopendeckel aus dem Grab Tutanchamuns abgebildet. Nach der Entfernung der Organe stopfte man den Leichnam provisorisch aus und bedeckte ihn zum Austrocknen mit Natron. 40 Tage später wurde er gewaschen, getrocknet und dauerhaft ausgepolstert.

Die Ägypter mumifizierten auch Tiere, speziell solche, die mit Göttern verbunden wurden. Dies ist ein Krokodil, das Symbol des Gottes Sobek.

Bandagieren

Sobald der mumifizierte Leichnam trocken war, wickelte man ihn, mit Zehen und Fingern beginnend, in Bandagen ein. Zwischen den Leinenlagen platzierte man Schmuck und Glücksbringer zum Schutz der Mumie. Jede Lage wurde mit Duftölen und Harz getränkt, die mit der Zeit fest wurden. Zum Schluss legte man eine Schmuckmaske über den Kopf der Mumie. Nach der Trauerfeier kam die Mumie in ihren Sarg und wurde beigesetzt.

Diese Mumie wurde in Al Faijum südlich von Kairo entdeckt.

Königsgräber

Gräber waren wichtig, denn durch sie blieben die Verstorbenen in Erinnerung. Und nur durch die Erinnerung konnte ein Geist im Jenseits überleben.

Die ersten Gräber

Vor der als Altes Reich bezeichneten Periode errichtete man sogenannte Mastabas über den unterirdischen Grabstätten von Königen und Adligen. Diese rechteckigen, flachen Bauten bestanden aus Lehmziegeln. Die Größe einer Mastaba variierte je nach Bedeutung der darunter bestatteten Person.

Stufenpyramiden

Um 2660 v. Chr. ließ sich Djoser, der zweite König der 3. Dynastie, in Sakkara eine neue Form des Grabs bauen. Es glich sechs übereinandergestapelten, nach oben hin kleiner werdenden Mastabas. Allerdings war diese Stufenpyramide quadratisch und aus Steinen konstruiert.

Interessantes

- **Die Stufenpyramide war das erste ganz aus Stein gefertigte Bauwerk der Welt.**
- **Die Pyramiden in Giseh sind die größten und bekanntesten, doch es gibt über 100 Pyramiden in Ägypten.**

Die Stufenpyramide ist rund 60 m hoch.

Die ersten echten Pyramiden

Viele Könige nach Djoser folgten seinem Beispiel. Snofru, der erste Herrscher der 4. Dynastie, erbaute die Knickpyramide (mit geknickten Seitenflächen) und die Rote Pyramide. Archäologen vermuten, dass er in der Roten Pyramide begraben wurde.

Die Knickpyramide

Das Pyramideninnere

Im Inneren der Unas-Pyramide hat sich eine Grabkammer mit eingemeißelten Inschriften an den Wänden erhalten.

Wie wurden die Pyramiden erbaut?

Wir wissen nicht genau, wie die Pyramiden errichtet wurden. Wahrscheinlich umbaute man die eigentliche Pyramide mit einer Rampe, um dort die riesigen Steine hochzuziehen. War die Pyramide vollendet, brach man die Rampe von oben beginnend wieder ab.

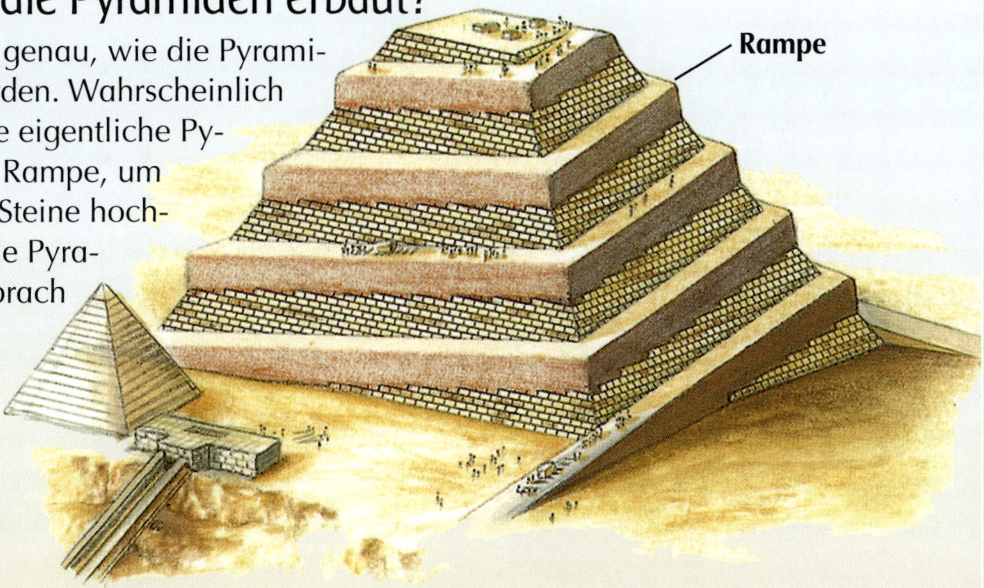

Die Pyramiden in Giseh

Drei berühmte Könige des Alten Reichs errichteten in der Nähe ihrer Hauptstadt Memphis in Giseh am Westufer des Nils gewaltige Pyramiden. Die größte – für viele Tausend Jahre das höchste Bauwerk der Welt – gehörte König Cheops.

Interessantes

- Die Cheopspyramide besteht aus mehr als 2,3 Millionen Kalksteinblöcken.
- Die Chephrenpyramide wirkt höher als die Cheopspyramide, denn sie steht auf einem etwas höheren Untergrund.

Die Cheopspyramide

König Cheops ließ seine gewaltige Grabstätte um 2580 v. Chr. erbauen. Nach der Beisetzung des Königs sollte eigentlich kein Mensch mehr die Pyramide betreten, und der Eingang wurde verschlossen. Man vermutet, dass Cheops mit vielen wertvollen Dingen bestattet wurde. Doch man wird es nie genau wissen, denn die Pyramide wurde um 1000 v. Chr. geplündert. Die beiden anderen großen Pyramiden in Giseh gehören Chephren und Mykerinos, dem Sohn bzw. Enkel von Cheops.

Querschnitt der Cheopspyramide

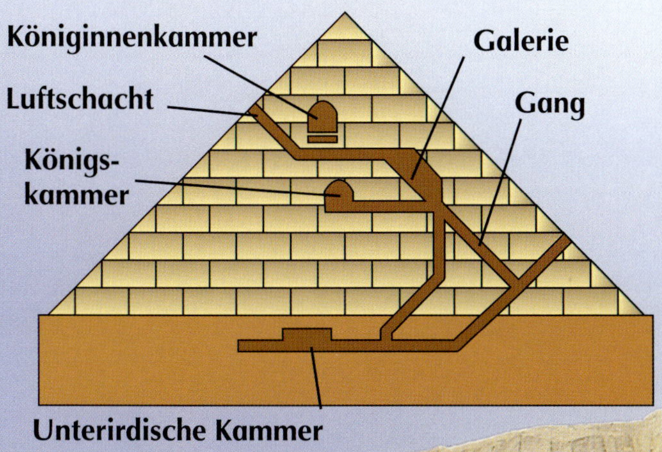

Der mysteriöse Sphinx

Vor der Chephrenpyramide erhebt sich der Sphinx, eine riesige Skulptur, die möglicherweise zur gleichen Zeit erbaut wurde. Auf einem Löwenkörper sitzt ein Menschenkopf – vielleicht ein Porträt des Königs.

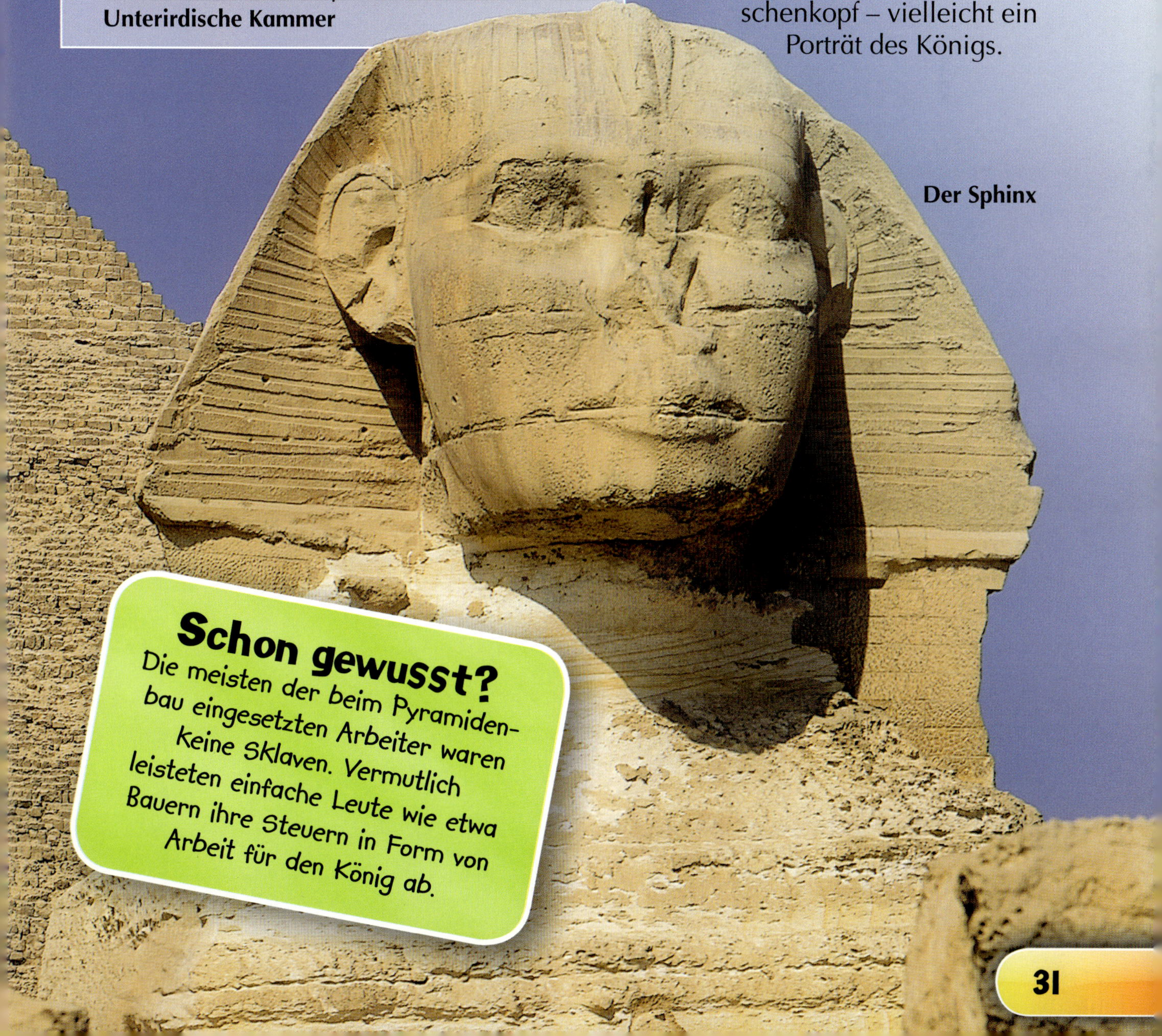

Der Sphinx

Schon gewusst?

Die meisten der beim Pyramidenbau eingesetzten Arbeiter waren keine Sklaven. Vermutlich leisteten einfache Leute wie etwa Bauern ihre Steuern in Form von Arbeit für den König ab.

Prächtige Gräber

Viele reiche Ägypter ließen sich ausgefallene Gräber bauen. Diese waren wichtig für die Reise ins Jenseits. Der Inhalt der Gräber verrät uns viel über das Alltagsleben im alten Ägypten.

Interessantes

- Die Menschen ließen sich ihre Grabstätten bereits in jungen Jahren bauen, denn der Bau konnte Jahre dauern.
- Besonders in Gräbern des Mittleren Reichs findet man Nachbildungen von Dingen und Szenen des Alltagslebens.

Begräbnisstätten

Wer wohlhabend genug war, baute sich ein unterirdisches Grab am Westufer des Nils. Ein Grab konnte aus nur einem einzigen Raum, der Grabkammer für den Sarg, bestehen. Die Gräber reicher Leute hatten oft mehrere Kammern. Außerdem gab es ineinandergestapelte Särge, die in einem sogenannten Sarkophag aus Stein eingeschlossen waren.

Handwerker

Das Dorf Deir el-Medineh lag am Westufer des Nils gegenüber von Theben. Hier lebten die Handwerker, die im Neuen Reich die Königsgräber erbauten. An ihren freien Tagen arbeiteten sie für andere reiche Bauherren oder an ihren eigenen Grabstätten. Ihre Gräber sind besonders schön, denn sie waren die besten Handwerker und Bildhauer Ägyptens. Dieses Relief zeigt zwei Bildhauer bei der Arbeit an einer Statue.

Diese Skulptur einer Frau beim Brotbacken stammt aus einem Grab.

Dekoration

Die Wände der Gräber waren oft mit Gemälden, Reliefs oder Schriften bedeckt. Sie dienten nicht nur als Dekoration, sondern waren bedeutsam für das Leben im Jenseits. Wurde beispielsweise jemand fröhlich bei einem Fest dargestellt, so waren ihm ähnliche Vergnügen im Jenseits sicher. Eine Szene über das Brotbacken sollte dem Bestatteten als konkrete Handlungsanweisung dienen. Egal wie alt oder krank ein Grabinhaber bei seinem Tod war, er wurde immer als jung, gut aussehend und gesund dargestellt. So wollte man sicherstellen, dass er im Jenseits körperlich unversehrt sein würde.

Schon gewusst?

Für den Bau einer Grabstätte musste man Geld haben. Ärmere Menschen wurden nicht mumifiziert und einfach im Sand begraben.

Das Grab des Baumeisters Sennedjem ist mit farbenprächtigen Malereien ausgeschmückt.

Religion und Tempel

Die alten Ägypter glaubten an viele verschiedene Göttinnen und Götter. Ihre Verehrung war ein wichtiger Bestandteil des täglichen Lebens.

Die Götter

Einige der Götter verband man mit besonderen Stämmen oder Dörfern, andere wurden in ganz Ägypten verehrt, obwohl sie oft eine besondere Tempelstätte hatten. Die meisten Götter waren für bestimmte Aspekte der Welt oder des Lebens zuständig: Horus galt als Gott des Himmels, Thot als Gott der Weisheit. Oft war die Zuständigkeit sehr vielfältig. Hathor, eine Muttergöttin, verband man aber auch mit Musik, Tanz, Liebe und Himmel.

Wie sahen die Götter aus?

Viele Götter wurden mit einem Tier assoziiert. Man stellte sie als dieses Tier oder als menschliches Wesen mit dem entsprechenden Tierkopf dar. Hier wird der Gott Horus als Mensch mit Falkenkopf gezeigt. Auch bestimmte Symbole standen für einen Gott. Maat, die Göttin der Wahrheit, wurde durch eine Feder repräsentiert.

Die mächtigen Säulen in der Hypostylhalle des Amun-Tempels in Karnak

Interessantes

- **Alle Tempel waren nach dem gleichen Plan aufgebaut, von dem man glaubte, er sei durch die Götter vorgegeben.**
- **Nur die wichtigsten Priester wirkten permanent in den Tempeln, die meisten hatten daneben andere Aufgaben.**

Tempel

Die Götter verehrte man in Tempeln und zu Hause. Jedes Dorf hatte einen Schrein, wo die Leute beten konnten. Daneben gab es Tempelkomplexe, wie den großen Tempel des Amun in Karnak. Zahlreiche Priester leiteten dort den Gottesdienst und den Göttern gewidmete, wichtige Zeremonien und Feste.

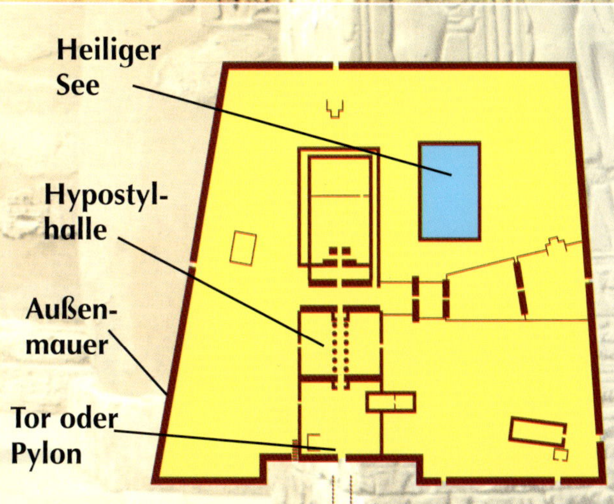

Tempel des Amun

Tempel des Amun

Diesen Tempel umgab wie andere große Tempel eine Mauer mit einem imposanten Tor, das man als Pylon bezeichnet. Nur die Priester und der König betraten das Innere des Tempels. Bei den Festen präsentierte man die Statuen der Götter auch außerhalb, damit das Volk sie sah. Der heilige See diente den Priestern zur Reinigung.

Götter und Göttinnen

Es gab Hunderte verschiedener Götter und Göttinnen, deren Bedeutung und Wichtigkeit sich mit der Zeit änderten. Hier werden die wichtigsten vorgestellt.

Osiris

Ra

Ra war der Sonnengott und Schöpfer der Welt. Jeden Tag segelte er in seiner Barke über den Himmel. Bei Nacht reiste er durch die Unterwelt, wo er vielen Gefahren ausgesetzt war.

Osiris

Osiris, der Gott des Todes und Herrscher der Unterwelt, wird als Mumie mit einer Krone dargestellt. Sein Königreich entsprach der Idealvorstellung von Ägypten.

Isis

Isis, Schwester und gleichzeitig Gattin des Osiris, war die Mutter von Horus. Sie wurde mit Magie verbunden und auch außerhalb Ägyptens verehrt.

Horus

Horus stand in enger Verbindung mit dem König, genoss aber auch die besondere Wertschätzung der einfachen Leute. Das Horus-Auge findet sich häufig in Form von Amuletten (Glücksbringern) und auf Gemälden. Es sollte schützen und heilen.

Horus-Auge

Hathor

Die populäre Muttergöttin wird oft als Kuh, als Frau mit Kuhkopf oder Frau, deren Kopf mit Kuhhörnern geschmückt ist, dargestellt. Sie war die Göttin des Himmels, wurde aber auch mit Musik und Alkohol verbunden.

Hathor

Amun

Im Neuen Reich gewann der ursprünglich in Theben verehrte Gott Amun an Bedeutung und wurde zum König der Götter. Er beschützte den König und Ägypten.

Anubis

Anubis, der Gott der Totenriten, wird entweder als Schakal oder als Mensch mit Schakalkopf dargestellt. Er war auch der Gott der Balsamierung und führte die Toten durch die Unterwelt ins Jenseits.

Anubis

Schon gewusst?
Man glaubt, dass der Priester bei der Bestattung der Mumien eine Schakalmaske trug, um so Anubis zu repräsentieren.

Neues Reich

Die Zeit des Neuen Reichs dauerte von etwa 1550 v. Chr. bis 1069 v. Chr. und brachte Ägypten Wohlstand und Macht. Damals entstanden viele großartige Monumente, die bis heute erhalten sind.

Eine riesige Statue von Ramses II.

Ein wachsendes Reich

Im Neuen Reich brachten die ägyptischen Könige weitere Territorien unter ihre Kontrolle. Ihr Reich erstreckte sich von Nubien im Süden bis nach Norden jenseits des heutigen Syrien. In Form von Steuern und Handel brachten diese neuen Länder den ägyptischen Königen Reichtum.

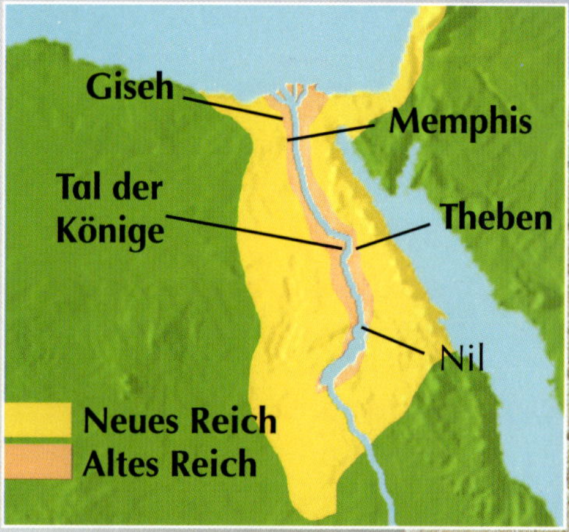

Theben

Hauptstadt des Neuen Reichs wurde Theben. Die am Ostufer des Nils gelegene Stadt wuchs und wurde reich. Die jeweiligen Könige schmückten den großen Tempel des Amun in Karnak mit gewaltigen Säulen, Hallen, Statuen und Toren. Die Könige wollten in der Nähe von Theben begraben werden. Am Westufer gegenüber von Theben ließen sie in einem trockenen Tal in den Bergen ihre Grabstätten errichten. Diese Nekropole wurde als Tal der Könige bekannt.

Der Tempel in Karnak

Interessantes

- **Pharao Ramses II. herrschte rund 66 Jahre über Ägypten und verstarb vermutlich mit über 90 Jahren, was damals ein sehr hohes Alter war.**

Tempel der Könige

Anders als ihre Gräber erbauten die Könige ihre prächtigen Totentempel gut sichtbar am Westufer des Nils. Einige waren fast so groß wie die Tempel der Hauptgötter. Das hier abgebildete Ramesseum ließ Ramses II. errichten.

Das Reich regieren

Der König war die Spitze der Regierung und gleichzeitig auch ein Gott. Um Ägypten zu regieren, brauchte er aber Hilfe.

Auf dem Schild sieht man Tutanchamun als kronetragenden Sphinx, der seine Feinde niedertrampelt.

Gottkönig

Die Ägypter glaubten, anfangs hätten die Götter ihr Land regiert, sich aber dann zurückgezogen. Ab da offenbarte sich Gott Horus in der Person des jeweiligen Königs. Alle Handlungen des Königs waren heilig. Die Herrscher wurden immer mit einer Krone und symbolischen Gegenständen in Händen abgebildet.

Weil die Götter in der ägyptischen Mythologie ihre engen Verwandten heirateten, ehelichten die Pharaonen häufig ihre Schwestern, Halbschwestern oder sogar Töchter. Außerdem hatten sie viele Nebenfrauen.

Verwaltung

Der König traf alle wichtigen Entscheidungen, die dann von seinen Beamten ausgeführt wurden. Den mächtigsten Berater des Pharao nannte man Wesir. Daneben gab es noch Minister und die Gouverneure der verschiedenen ägyptischen Provinzen. Meist wurden diese Posten vererbt, doch ein ehrgeiziger, intelligenter Schreiber oder talentierter Soldat konnte Karriere machen. Die Priester bezogen ihren Einfluss aus dem Reichtum ihrer Tempel. Sie erhoben auch im Auftrag des Königs Steuern.

Adlige überreichen dem Pharao Geschenke.

Ein Dolch mit Scheide

Die Armee

Im Neuen Reich schuf man eine große und gut organisierte Armee, die in den Nachbarländern gefürchtet war. Das Heer bestand aus Fußsoldaten und Wagenlenkern. Der König fuhr immer im Streitwagen. Die Soldaten rekrutierten sich aus vielen Gebieten des ägyptischen Reichs.

Schon gewusst?

Der Herrscher trug mehrere Namen mit jeweils eigener Bedeutung. Das Volk benutzte diese Namen aber nicht, sondern nannte den König „per-aa", was „Großes Haus" bedeutet. Davon leitet sich die Bezeichnung Pharao für die ägyptischen Könige ab.

Das Gemälde auf einer Truhe zeigt Tutanchamun in seinem Streitwagen.

Königin Hatschepsut

Ägypten wurde fast durchgängig von Männern regiert – das entsprach der Vorstellung der Ägypter. Als der Herrscher Thutmosis II. sehr früh verstarb, trat aber seine Hauptgemahlin Hatschepsut seine Nachfolge an.

Hatschepsut

Hatschepsut hatte selbst keinen Sohn, dafür aber eine der Nebenfrauen von Thutmosis II. Dieser ebenfalls Thutmosis genannte Sohn war beim Tod seines Vaters zu jung für die alleinige Regentschaft. Ab etwa 1479 v. Chr. regierte Hatschepsut stellvertretend Ägypten. Hatschepsut erwies sich als geschickte Herrscherin. Nach einigen Jahren erklärte man sie zum „König“, und sie regierte zusammen mit ihrem Stiefsohn Thutmosis III.

Diese Statue zeigt Hatschepsut als Sphinx.

Schon gewusst?

Nach ihrem Tod entfernte man an einigen Monumenten die Porträts und Namensinschriften von Hatschepsut. Man vermutete, Thutmosis III. habe das aus Hass auf seine Stiefmutter veranlasst. Tatsächlich scheinen sie einträchtig zusammen regiert zu haben: Thutmosis als Kriegsherr in der Fremde und Hatschepsut im Inneren.

Suche nach Schätzen

Über die von Hatschepsut in das Land Punt (möglicherweise Somalia) entsandte Expedition wird an den Tempelwänden detailliert berichtet. Die Händler brachten Schätze wie Leopardenfelle, Elfenbein und sogar lebende Paviane nach Hause.

Der Königsbart

Den künstlichen Zeremonialbart trugen die Pharaonen als Symbol ihres Amtes. Sogar Hatschepsut wird manchmal damit dargestellt. Bei dieser Statue ist nur ein kleiner Teil des Bartes erhalten. Man ist nicht sicher, ob es ein Porträt von Hatschepsut oder ihrem Gatten Thutmosis II. ist.

Königin Hatschepsut ließ in Deir el-Bahari einen prächtigen Tempel erbauen. Früher wurde er von Bäumen und Blumenbeeten eingerahmt.

Das Tal der Könige

Am Westufer des Nils gegenüber von Theben erheben sich Berge mit steilen Hängen und tief eingeschnittenen Tälern. Ein idealer Ort, um Königsgräber im Fels zu verbergen.

Das Tal

Das von den Königen für ihre Grabstätten ausgewählte Tal hatte nur wenige Zugänge und keine Dörfer in der Nachbarschaft. Die schroffen Felsen verbargen die Zugänge zu den Königsgräbern mit ihrem wertvollen Inhalt. Doch nur ein Grab blieb fast vollständig erhalten, das Grab von Tutanchamun.

Auch einige Adlige und Höflinge wurden im Tal der Könige bestattet. Die meisten aber ließen ihre Gräber in Felswänden in der Nähe des Tals der Könige anlegen. Später, im Neuen Reich, bestattete man Königinnen im Nachbartal, das heute Tal der Königinnen heißt.

Interessantes

- Die Archäologen haben die Grabstätten im Tal durchnummeriert. Das Grab KV5 (KV für Kings Valley = Tal der Könige) ist mit über 150 Kammern und Korridoren riesig und nur teilweise erforscht.
- Zu den besonders reich ausgeschmückten Gräbern gehört das von Nefertari im Tal der Königinnen.

Schon gewusst?

Viele der Gräber wurden schon bald nach der Beisetzung der Könige und der Versiegelung der Zugänge ausgeraubt. Möglicherweise kamen die Diebe aus den Reihen der Arbeiter an den Grabstätten. Der Verkauf der wertvollen Grabbeigaben war lukrativ, aber riskant. Den Räubern drohte ein qualvoller Tod durch Pfählung.

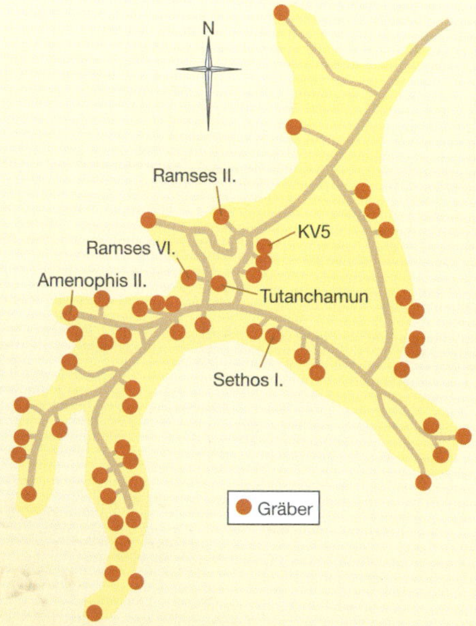

Im Tal der Könige wurden bis jetzt über 60 Grabstätten entdeckt.

Schatztruhe

Die Schmuckschatulle von Tuja, der Urgroßmutter Tutanchamuns, fand man 1905 im Tal der Könige. Sie und ihr Gemahl wurden dort bestattet, obwohl sie als Schwiegereltern von König Amenophis III. nicht direkt zur Königsfamilie gehörten.

Die Grabstätten

Die Königsgräber unterscheiden sich in Größe und Form, doch bei allen führen steile Korridore und Treppen in die Tiefe. Für die Ausschmückung sorgten die besten Künstler des Landes, die oft in nur wenige Stunden entfernten Siedlungen lebten. Viele Gräber sind unvollendet, denn es dauerte lange, sie aus dem Fels zu hauen. Es standen nur Werkzeuge aus Stein, Holz und den weichen Metallen Kupfer und Bronze zur Verfügung. Unter Tage benutzten die Arbeiter Öllampen. Die Arbeitsbedingungen in den schmalen Gängen waren hart. Dieses Bild zeigt den Eingang für Touristen zum Grab von Ramses VI. im Tal der Könige.

Das Grab von Tutanchamun

Der junge König Tutanchamun war kaum bekannt, bis der britische Ägyptologe Howard Carter eine Entdeckung machte, die die Welt faszinierte.

Die versiegelte Tür

Der wohlhabende Lord Carnarvon hatte 1915 Howard Carter engagiert, um im Tal der Könige nach Königsgräbern zu suchen. Carter fand nichts Bedeutendes, bis seine Helfer am 4. November 1922 die Reste von Hütten beiseiteräumten und auf Stufen stießen. Diese führten hinab zu einer versiegelten Tür, die den Namen Tutanchamuns trug.

Die Maske

Die berühmte Maske der Mumie von Tutanchamun ist aus dünnen Goldplatten, Edelsteinen und Glas gefertigt. Sie wiegt fast 10,5 kg.

Wunderbare Dinge

Am 25. November 1922 stand Lord Carnarvon hinter Carter, als dieser durch ein Loch in einer weiteren vermauerten Tür blickte. „Was sehen Sie?“, fragte Lord Carnarvon. Carter antwortete: „Wunderbare Dinge!“ Seit 3000 Jahren hatte niemand mehr in das Grab geschaut – und es war voller Dinge, die geheimnisvoll golden glänzten.

Das Grab

Die vier kleinen Kammern in Tutanchamuns Grab waren mit Schätzen gefüllt.

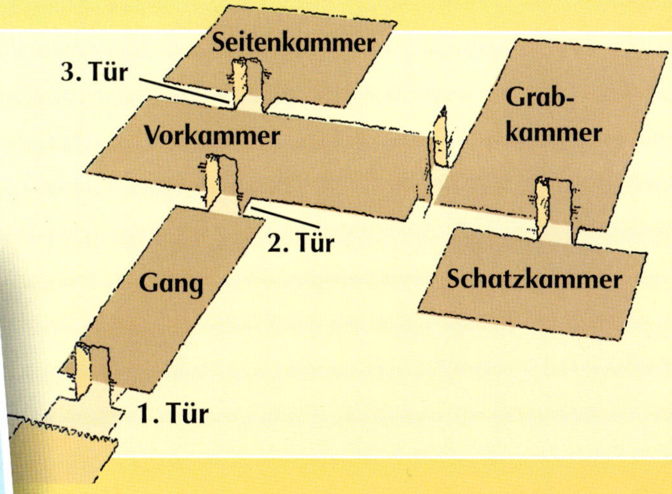

Schon gewusst?

Tutanchamuns Grab war kurz nach dessen Beisetzung zweimal aufgebrochen worden. Einiges wurde gestohlen. Nach Entdeckung der Plünderungen reparierte man das Grab und versiegelte es wieder.

Der Fluch des Pharaos

Als Lord Carnarvon kurz nach der Entdeckung des Grabs an einem Moskitostich starb, machten Erzählungen von einem alten, ägyptischen Fluch die Runde. Einen Beweis für dessen Existenz gibt es nicht. Die meisten Beteiligten lebten recht lange. Howard Carter, hier bei der Untersuchung von Tutanchamuns Sarg, starb 1939 – 15 Jahre nachdem er das Grab erstmals betreten hatte.

Alte Schätze

Die Räumung des Grabs mit seinen vier Kammern dauerte mehrere Jahre. Es enthielt Schmuckstücke wie das abgebildete Objekt in Käferform, Betten, Sessel, Statuen, Fächer und Prunkwagen, dazu Wein und Speisen für das Jenseits. Man fand Waffen, Posaunen, Spiele und sogar eine Haarlocke von Tutanchamuns Großmutter Teje. Und da war der Leichnam des Königs in einem Goldsarg.

Tutanchamun – der goldene König

Der bekannteste König Ägyptens regierte nur kurze Zeit. Über seine Regentschaft weiß man wenig, seinen Ruhm verdankt er der Entdeckung seines Grabs.

Ein Kind als König

Tutanchamun war acht oder neun Jahre alt, als er den Thron bestieg. Und er war mit seiner Halbschwester Ancheseamun verheiratet. Das junge Paar ist auf vielen der wertvollen Fundstücke aus dem Grab abgebildet, wie auf diesem goldenen Thron.

Diese Holzstatue Tutanchamuns könnte als Schneiderpuppe zum Anpassen neuer Kleider gedient haben.

Berater

Alle Pharaonen hatten Berater, doch im Fall von Tutanchamun regierten sie stellvertretend für den jungen König das Land. Bestimmt nahm Tutanchamun an religiösen Zeremonien teil. Eje (oben rechts abgebildet) war der wichtigste Mann am Hof Tutanchamuns und besaß viel Macht. Nach Tutanchamuns Tod wurde Eje König. Horemhab, ein anderer Berater, kommandierte die Armee und regierte nach Eje Ägypten.

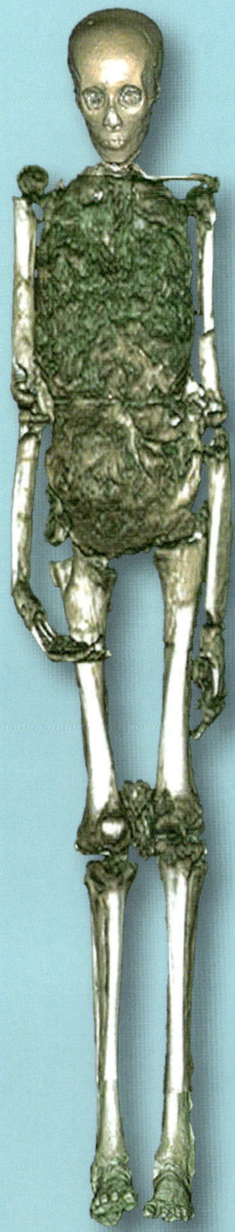

3-D-Röntgenbild von Tutanchamuns Mumie

Interessantes

- **Tutanchamun starb im Monat Januar. Forscher folgern das aus den in seinem Grab gefundenen Blumen.**
- **Tutanchamun und Ancheseamun hatten keine lebenden Kinder. Allerdings fand man in seinem Grab die mumifizierten Körper zweier Föten.**

Tod eines jungen Königs

Tutanchamun verstarb um 1372 v. Chr. plötzlich mit 19 oder 20 Jahren. Lange vermuteten Archäologen einen Mord. Bei neuen Röntgenuntersuchungen entdeckte man eine kurz vor dem Tod erlittene Beinverletzung. Die eventuell durch einen Unfall mit seinem Streitwagen verursachte Wunde könnte sich infiziert haben. Ein Mord erscheint unwahrscheinlich, doch die genaue Todesursache kennt man nicht.

Schon gewusst?

In Tutanchamuns Grab fand man zahlreiche Bogen und Pfeile. Die Größe eines Bogens lässt vermuten, dass ihn der König als kleines Kind benutzt haben könnte.

Schreiber

Die alten Ägypter verfassten schriftliche Aufzeichnungen, doch die wenigsten beherrschten Lesen und Schreiben. Ein Schreiber konnte es zu Wohlstand bringen.

Beruf Schreiber

Für Schreiber gab es immer Arbeit in Form von Briefen, Aufzeichnungen und Verträgen. Auch die Regierung war auf Schreiber angewiesen. Fähige Männer konnten bis zum königlichen Berater aufsteigen oder waren als Baumeister oder Vermesser tätig. Die meisten Institutionen wie Armee und Tempel bildeten ihre eigenen Schreiber aus. Meist waren es die Söhne von Schreibern. Sie begannen ihre Ausbildung mit fünf bis zehn Jahren. Mädchen lernten nur selten schreiben.

Interessantes

- Die ägyptische Kunst stellte Schreiber meist im Schneidersitz mit einer Papyrusrolle auf den Knien dar.
- Schwarze Tinte mischte man aus Ruß, Gummi und Wasser. Für rote Tinte benutzte man roten Ton.

Papyrus

Der Papyrus war das erste Papier der Welt. Man fertigte ihn aus dem Mark der Papyrustängel. Papyrusstauden wuchsen an den Nilufern. Damals lebten am Nil auch Flusspferde, sodass die Ernte der Stängel gefährlich sein konnte. Die schwarze oder rote Tinte, zu kleinen trockenen Blöcken gepresst, wurde mit etwas Wasser angefeuchtet. Als Pinsel dienten Binsenhalme.

Schon gewusst?

Aus dem Mark der Papyrusstängel machte man Papier. Die harten, faserigen Hüllen nutzte man zum Flechten von Körben und Seilen. Aus Papyrushalmen baute man auch Boote.

Palette mit Tinte und Pinseln aus Binsen. Die Paletten waren meist aus Kalkstein gemacht.

Ostraka

Für Schreibübungen war Papyrus zu kostbar, deshalb wurden hierfür Tonscherben verwendet. Diese sogenannten Ostraka konnte man abwaschen und mehrmals verwenden. Für weniger wichtige Dokumente nahm man anstelle von Papyrus Holztafeln oder Kalksteinplatten.

Hieroglyphen

Die als Hieroglyphen bezeichnete ägyptische Schrift besteht aus über 700 Bildsymbolen. Die Ägypter glaubten, Thot, der Gott der Weisheit, habe ihnen die Schrift geschenkt. In ihrer Vorstellung hatten die bildhaften Symbole ihrer Schrift auch magische Kräfte.

Wie funktionieren Hieroglyphen?

Hieroglyphen findet man an Bauwerken und auf Grabgemälden. Die oft kunstvoll eingemeißelten oder aufgemalten Zeichen sind nicht immer einfach zu verstehen. Hieroglyphen können in jeder Richtung geschrieben sein: von links nach rechts oder umgekehrt, auch von oben nach unten. Am Beginn eines Satzes steht aber immer ein Vogelsymbol als Richtungshinweis. Die Hieroglyphenreihen werden durch Linien getrennt. Die verschiedenen Bildzeichen können für Gegenstände, Lebewesen oder auch für Laute stehen.

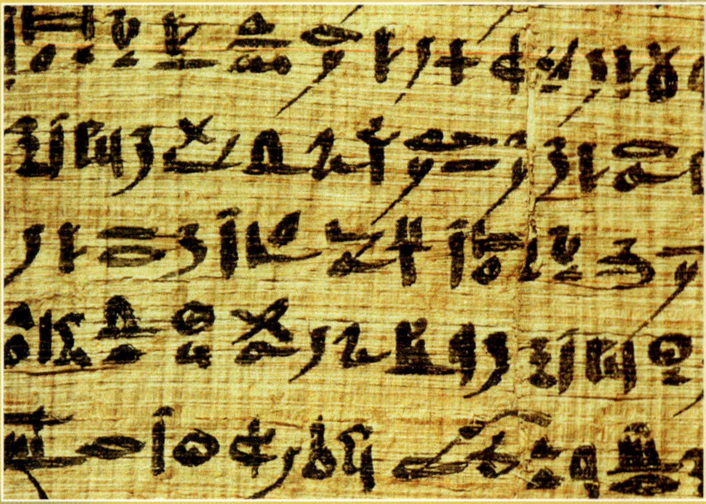

Einfachere Schriften

Weil Hieroglyphen im Gebrauch kompliziert sind, entwickelte man die einfachere hieratische Schrift. Hier steht ein Text in Hieratisch auf einem Papyrus. Später erfand man eine noch schnellere Schrift, das Demotische. Aber die Hieroglyphen blieben weiterhin in Gebrauch.

Der Stein von Rosette

Als 1799 der Stein von Rosette in Ägypten gefunden wurde, konnte niemand die Hieroglyphen lesen. Auf dem Stein ist ein inhaltsgleicher Text untereinander in Hieroglyphen, Demotisch und Griechisch eingemeißelt. Die Gelehrten konnten Griechisch, und so gelang es 1822 dem Sprachwissenschaftler Jean-François Champollion, über das Griechische die beiden anderen Sprachen zu entschlüsseln.

Interessantes

- **Für Vokale gab es keine Hieroglyphensymbole, weshalb die Ägyptologen hier nur spekulieren können.**
- **Die Inschriften auf dem Stein von Rosette berichten von religiösen Zeremonien anlässlich der Krönung von König Ptolemaios V. im Jahr 205 v. Chr.**

Königsnamen

Die Königsnamen sind leicht zu erkennen, denn sie haben immer eine ovale Umrandung, die sogenannte Kartusche. Links auf diesem Fächer ist die Kartusche Tutanchamuns zu sehen.

Arbeitsleben

Die Ägypter arbeiteten hart, angefangen bei den wichtigen Beamten am Königshof bis hin zu den Sklaven in den Steinbrüchen.

Kaufleute und Händler

Ägypten exportierte Getreide, Wein, Leinen und kostbare Güter wie Gold in andere Länder. Die Ägypter selbst kauften von dort Öl, Holz, Silber, Kupfer, Pferde und sogar Sklaven ein. Der Nil war der wichtigste Transportweg für Güter. Viele einfache Ägypter arbeiteten auf den mit Rudern und Segeln ausgestatteten Booten. Große, von mehreren Booten gezogene Barken beförderten schwere Lasten. Auch Fischer befuhren den Fluss.

Schon gewusst?
Ägyptische Händler erkundeten die Nachbarländer auf der Suche nach seltenen Dingen. Oft zogen sie durch die östliche Wüste zum Roten Meer. Ihre Schiffe wurden zerlegt, durch die Wüste an die Küste transportiert und dort für die weitere Reise wieder zusammengebaut.

Schon gewusst?
Die Ägypter kannten kein Geld. Man bezahlte mit Gütern oder Dienstleistungen.

Handwerk

Es gab viele geschickte Handwerker wie Schreiner, Juweliere, Weber und Töpfer. Wie hier abgebildet, erfolgte die Schmuckfertigung auch in Werkstätten, die von Aufsehern überwacht wurden. Diese Kontrolleure waren für die dort verarbeiteten wertvollen Materialien verantwortlich. Neben vielen anderen Dingen fertigte man luftgetrocknete Lehmziegel für den Hausbau an, braute Bier, backte Brot, schnitt und verarbeitete Riedgras zu Papyrus für die Schreiber. Andere arbeiteten für die Balsamierer. Und es gab auch Unterhaltungskünstler, Diener und Sklaven.

Interessantes

- **Wohlhabende Ägypter hatten Diener, die ihnen im Haushalt halfen. Sklaven wurden erst im Neuen Reich üblich, als viele Kriegsgefangene gemacht wurden. Sogar einfache Leute konnten sich Sklaven leisten.**
- **Schreiber führten in den Werkstätten Protokolle. Wir wissen so von einem Arbeiter, der einen Tag fehlte, weil er zu viel Bier getrunken hatte.**

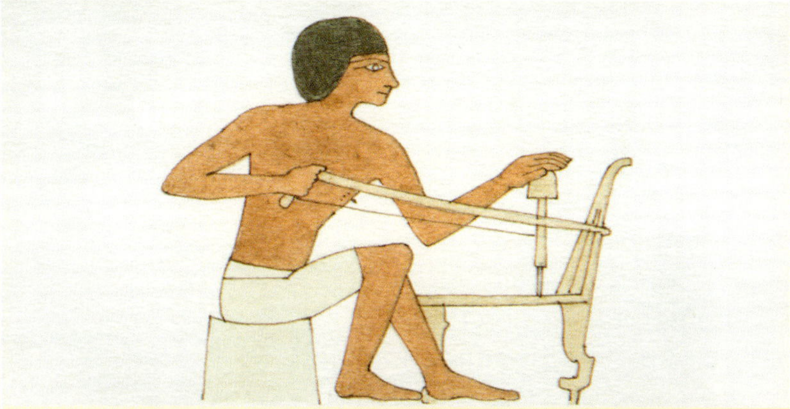

Schreiner

Schreiner fertigten Möbelstücke wie Betten, Schemel und Truhen an, daneben aber auch Spiele und Spielzeug. Dieser Mann arbeitet an einem Stuhl. Aus Holz machte man auch größere Objekte. Die großen Nilbarken für den Transport schwerer Lasten bestanden meist aus Zedernholz, die Streitwagen aus Esche. Die Schreiner verarbeiteten vorrangig einheimische Hölzer wie das der Sykomore, importiertes Zedern- und Ebenholz war aber wegen seiner Schönheit begehrt.

Frauen und Kinder

Frauen gingen nicht arbeiten, hatten aber weitgehend ähnliche Rechte wie die Männer. Töchter galten ebenso viel wie Söhne.

Interessantes

- **Frauen konnten das Land regieren und wie Königin Kleopatra oft viel Macht haben.**
- **Der Schulunterricht war streng. Jungen bekamen bei schlechtem Betragen Schläge.**

Heirat

Ein König konnte mehrere Frauen heiraten, die meisten einfachen Männer hatten aber nur eine Gemahlin. Männer heirateten mit etwa 20 Jahren, die Frauen waren meist jünger. Gewöhnlich wählten die Eltern die Partner für ihre Kinder aus, was eine Liebesbeziehung aber nicht ausschloss.

Die meisten Frauen konnten vermutlich weder lesen noch schreiben. Aber sie durften Eigentum besitzen und, gerade bei Abwesenheit ihrer Gatten, die Geschäfte führen. Wohlhabende Frauen hatten eine bessere Ausbildung und konnten Priesterinnen werden. Einige Frauen arbeiteten als Unterhaltungskünstlerinnen oder Dienerinnen, andere als Weberinnen oder Bäuerinnen.

Der Pharao Echnaton und seine berühmte Frau Nofretete

Schon gewusst?

Babys hängte man Glücksbringer oder Amulette um, die sie vor Krankheiten schützen sollten. In zwei erhaltenen Büchern stehen genaue Anweisungen zur Behandlung und Zaubersprüche zum Schutz eines Kindes vor Unheil.

Kindheit

Ägyptische Kinder spielten mit Puppen, Bällen, Brettspielen und Tierfiguren auf Rädern – also ganz ähnlichen Spielsachen wie heute. Sie liebten es, zu schwimmen, zu angeln und auf Eseln zu reiten. Dieses Würfelspiel (oben) fand man im Tempel des Bes in Bawiti im Westen Ägyptens. Anders als heute gingen nicht alle Kinder zur Schule. Es hing davon ab, ob ihre Eltern sich das leisten konnten. Die anderen Kinder schickte man arbeiten oder halfen, sobald sie dazu fähig waren, im Familienbetrieb mit.

Das Gemälde aus dem Grab des Inherkau zeigt eine Familienszene.

Kleidung und Schmuck

Im alten Ägypten änderte sich die Mode kaum. Die Kleidung war meist schlicht, nur die Reichen kleideten sich üppiger. Schmuck war allgemein beliebt.

Bekleidung

Die meisten Kleider waren aus Leinen. Die Wohlhabenden konnten sich feines Tuch leisten, die Ärmeren nur dickere, strapazierfähigere Stoffe. Männer trugen ein Lendentuch und Frauen ein langes Trägerkleid. Im Neuen Reich kam fein plissiertes Leinen in Mode. Einige Männer und Frauen trugen Oberbekleidung aus fast transparentem Stoff.

Viele gingen barfuß, doch man hat auch Sandalen aus Binsen gefunden. Die meisten schoren sich den Kopf kahl oder hatten sehr kurze Haare. Darüber trug man häufig zum Teil sehr ausgefallene Perücken.

Interessantes

- Männer wie Frauen trugen ein aus Mineralien und Wasser angemischtes dunkles Augen-Make-up.
- Jungen hatten, bis auf eine Locke an der Schläfe, kahl rasierte Köpfe. Diese Locke nannte man „Jugendlocke".

Dieses Paar trägt seine besten Kleider. Es ist im Jenseits und huldigt den grüngesichtigen Göttern der Unterwelt.

Schon gewusst?

Die Ägypter liebten den Wohlgeruch. Bei einem Bankett trugen die Gäste Lotusblüten und auf ihrer Perücke einen Kegel aus parfümiertem Fett, der allmählich schmolz und dabei seinen Duft freisetzte.

Salbkegel

Ein aus Gold und Edelsteinen gefertigtes Collier

Schmuck

Jeder trug mehrere Schmuckstücke wie etwa Halsketten mit Glücksbringern. Armreife, Ringe und Ohrringe waren sehr beliebt. Reiche Ägypter besaßen viele luxuriöse Stücke. Männer wie Frauen trugen sogenannte Colliers. Dieser halbkreisförmige, bis auf die Brust reichende Halsschmuck bestand aus vielen Perlenschnüren oder wertvollen Steinen.

Diese Statue zeigt Nofretete, die Gattin des Pharao Echnaton, mit einem Edelsteincollier.

Feste und Feiertage

Aus Grabgemälden wissen wir, dass die Ägypter Geselligkeit und Feste liebten und dies auch im Jenseits genießen wollten.

Feste

Es gab öffentliche Feste, wie die riesigen Prozessionen mit der Statue des Gottes Amun in Theben, und private Feiern mit Einladungen für Freunde zu einem Bankett. Man bewirtete die Gäste üppig mit Speisen und Getränken, zum Empfang erhielten sie Blumengirlanden. Diener umsorgten die Gäste, die von Musikern und Tänzerinnen unterhalten wurden.

Interessantes

- **Für ein Bankett engagierte man Künstler wie Akrobaten und Tänzerinnen.**
- **Es gab eine Liste von Tagen, die Glück bzw. Pech brachten. An Pechtagen musste man bestimmte Speisen meiden, wie beispielsweise Fisch.**

Was wurde serviert?

Wer es sich leisten konnte, trank Wein. Bier war eine billigere Alternative. Dazu gab es verschiedenes Fleisch und frisches Gemüse. Auf Platten türmte sich heimisches Obst wie Datteln, Feigen und Granatäpfel.

Frauen beschenken sich bei einem Bankett mit Lotusblüten.

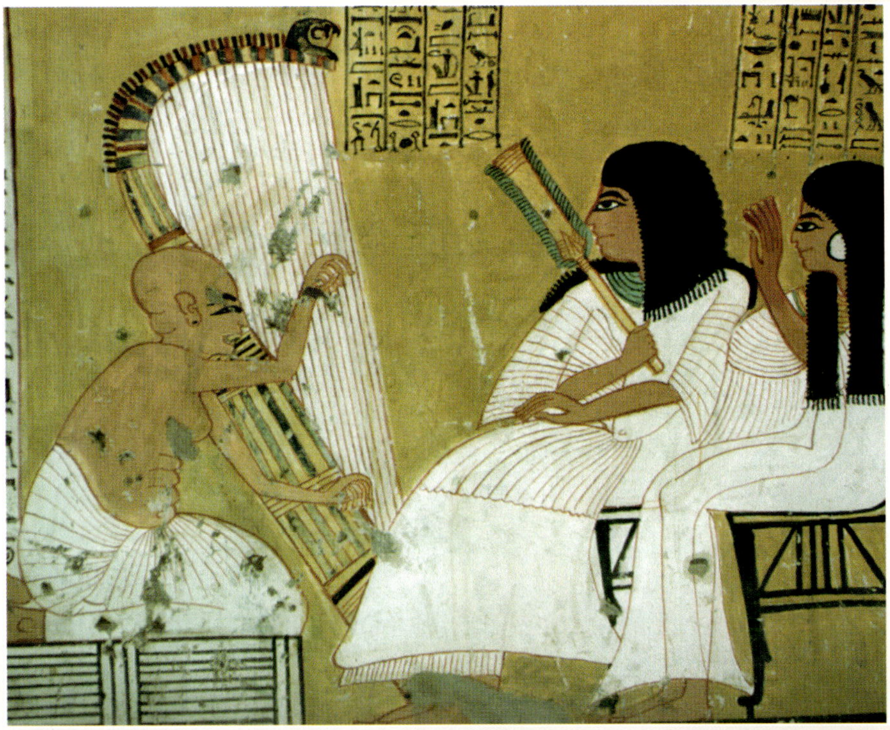

Musik

Während eines Banketts spielten Musiker Harfe und Leier, aber auch Blasinstrumente wie Flöte und Oboe. Dazu kamen die Schlaginstrumente Trommel, Becken und Tamburin. Es gab zwar auch Künstler, die als Solisten auftraten, gängiger waren aber Musikgruppen.

Eine Bankettszene aus dem Grab des Wesirs Nebamun

Spaß und Spiele

Die Jagd war ein den Reichen vorbehaltenes Vergnügen. Gespielt wurde damals aber in allen Schichten gern. Einige Brettspiele und Spielzeuge blieben erhalten.

Die Jagd

Der König und seine Höflinge gingen in den Wüsten auf Jagd, wo es wilde Tiere wie Gazellen und Antilopen, aber auch Büffel und Löwen gab. Der König war dabei relativ sicher, denn er jagte von einem Streitwagen aus. Gefährliche Flussbewohner wie Nilpferde und Krokodile wurden gejagt, um die am Ufer arbeitenden Menschen zu schützen. Vom Boot aus erlegte man Wildenten, die im Uferdickicht nisteten. Für die Vogeljagd benutzte man gebogene Wurfhölzer wie auf dem Wandbild unten dargestellt.

Interessantes

- Wenn der König auf Jagd ging, trieb man die Tiere so zusammen, dass er sie nacheinander mit Pfeilen erlegen konnte.
- Die Bälle der Kinder waren aus Stoff oder Leder und mit Stroh, Rosshaar oder Garn ausgestopft.

Auf diesem Wandgemälde hilft eine Katze bei der Entenjagd.

Spiele

Brettspiele waren äußerst beliebt. Das Senet-Spiel beispielsweise bekam sogar eine religiöse Bedeutung als Kampf zwischen Gut und Böse. Das Spielbrett hat 30 Felder, aber die genauen Spielregeln für Senet kennt man nicht. Es gab noch andere Spiele, wie das Schlangenspiel oder das Spiel der zwölf Quadrate, bei denen ebenfalls Spielsteine auf einem unterteilten Spielbrett bewegt wurden. Auch Ballspiele waren verbreitet, wobei gerade Mädchen komplizierte Wurf- und Fangspiele geliebt haben.

Ein Senet-Spielbrett

Schon gewusst?

Ging ein Adliger in den Sümpfen auf Entenjagd, nahm er manchmal auch seine Frau mit. Ganz sicher brauchte er dazu seine Diener und seine Jagdkatze.

Ägyptischer Scherz

Das Senet-Spiel wurde nicht immer ernst genommen. Dieses auf Papyrus gemalte Bild zeigt eine Antilope, die gegen einen Löwen spielt.

Das Ende des alten Ägypten

Mit dem Tod von Ramses XI. 1070 v. Chr. endete die Ära des Neuen Reichs. Ägyptens Macht verblasste allmählich, bis es 30 v. Chr. eine Provinz des Römischen Reichs wurde.

Invasionen

Im letzten Jahrtausend vor der Zeitenwende kam es zu verschiedenen Invasionen durch Libyer, Nubier und Assyrer. Danach eroberten die Perser das Land, wurden vertrieben und kehrten schließlich wieder zurück.

Alexander der Große

Erst der griechische König Alexander der Große vertrieb die Perser 332 v. Chr. aus Ägypten. Als Alexander kaum zehn Jahre später starb, wurde sein Reich in drei Teile aufgeteilt. Ptolemaios, einer seiner Generäle, kontrollierte Ägypten, das seine Nachkommen fast 300 Jahre regieren sollten.

Interessantes

- **Kleopatra war keine Ägypterin. Sie stammte von Ptolemaios, einem Griechen, ab.**
- **Kleopatra heiratete ihren jüngeren Bruder Ptolemaios XIII., um Anspruch auf den ägyptischen Thron zu erlangen. Eine Frau konnte dies nur, wenn sie mit einem männlichen Verwandten verheiratet war.**

Dieses englische Gemälde zeigt Octavians Flotte in der Schlacht bei Aktium gegen die Schiffe von Marcus Antonius.

Römischer Einfluss

Um 150–100 v. Chr. entwickelte sich mit Rom eine neue Macht im Mittelmeerraum. Die Ptolemaier blieben zwar die Könige in Ägypten, mussten aber Roms Einfluss hinnehmen.

Schon gewusst?

Beide, Antonius und Kleopatra, brachten sich nach ihrer Niederlage um. Antonius erstach sich. Kleopatra soll sich mit einer Giftschlange getötet haben, es könnte aber auch eine vergiftete Haarnadel gewesen sein. An ihrem Arm fand man nur zwei kleine Kratzer.

Kleopatra

51 v. Chr. wurde Kleopatra VII. Königin von Ägypten. Im anschließenden Bürgerkrieg half ihr der römische Feldherr Julius Cäsar. Nach Cäsars Tod 44 v. Chr. verbündete sich Kleopatra mit dessen Freund Marcus Antonius. Weil Octavian, Cäsars Erbe in Rom, keine Rivalen im Kampf um die Macht duldete, kam es zum Krieg zwischen Rom und Kleopatra sowie Antonius. In der Seeschlacht bei Aktium wurden 31 v. Chr. Antonius und Kleopatra besiegt, 30 v. Chr. wurde Ägypten Teil des Römischen Reichs.

ANTIKES GRIECHENLAND

Das Griechenland der Antike war kein einheitliches Land, sondern bestand aus zahlreichen unabhängigen Staaten mit jeweils eigenen Gesetzen und Währungen. Die um 800 v. Chr. aufblühenden Stadtstaaten hatten dieselbe Sprache und Religion, doch sie bekämpften sich häufig gegenseitig. Viele bis heute wichtige Ideen entwickelten sich in diesen Städten. In Athen entstanden die Grundlagen der modernen Demokratie. Viele Aktivitäten wie Geschichtenerzählen, Theater und sportliche Wettkämpfe waren im alten Griechenland ebenso beliebt und wichtig wie heute.

Die Minoer

Auf Kreta, der größten griechischen Insel, entwickelte sich zwischen 2500 v. Chr. und 1450 v. Chr. eine großartige Kultur. Man wusste nur wenig über diese Zivilisation, bis 1900 der Archäologe Arthur Evans in Knossos einen gewaltigen Palast entdeckte. In Anlehnung an den sagenhaften König Minos von Kreta nannte er die Erbauer des Palastes Minoer.

Minoische Kunst

Wunderschöne Wandbilder schmücken die minoischen Paläste und auch viele gewöhnliche Häuser. Sie berichten über das damalige Leben. Häufig sind auf den Wandgemälden Wellen und Meerestiere wie etwa Delfine dargestellt. Hierin spiegelt sich die Bedeutung des Meeres für die Minoer wider. Die Bilder vermitteln auch einen Eindruck vom Aussehen der Minoer.

Dieses Wandbild im Palast von Knossos zeigt zwei mit Lendentüchern bekleidete junge Männer.

Interessantes

- Die Menschen wohnten in den oberen Stockwerken der Häuser. Das Untergeschoss wurde als Lager und Küche genutzt.
- Im östlichen Mittelmeerraum fand man Gegenstände aus minoischer Fertigung, die auf minoischen Schiffen dorthin gelangt waren.

Schon gewusst?

Man fand auf Kreta zwar zahlreiche schriftliche Aufzeichnungen, doch wir können sie nicht lesen. Die wichtigste Schrift, als Linear A bezeichnet, ist noch nicht entziffert.

Minoische Religion

Auf Bildern und Tongefäßen tauchen häufig Stiere auf. Stierhörner dienten zur Dekoration von Wänden und Gräbern. Dieser Stierkopf (rechts), Rhyton genannt, wurde bei religiösen Zeremonien benutzt. Er enthielt Getränke, die den Göttern geopfert wurden. Die Minoer verehrten ihre Götter in kleinen Schreinen oder in der Natur. Auf den Bildern sind häufig Priesterinnen dargestellt; vielleicht waren sie wichtiger als Priester.

Gefäß in Form eines Stierkopfs

Der Palast von Knossos

Bei der Erforschung des Palastes in Knossos erkannte Arthur Evans, dass die Anlage sehr komplex und verwinkelt war und einem Labyrinth glich. Er folgerte daraus, der Palast könnte das Labyrinth gewesen sein, das in dem griechischen Mythos von Theseus und dem Minotaurus beschrieben wird.

Der Palast von Knossos

Knossos war der größte Palast auf Kreta. Vermutlich lebten darin rund 30 000 Menschen. Er war weitgehend aus Stein erbaut; Decken und Dächer waren aus Holz. Einzelne Gebäude hatten mehrere Stockwerke. Es gab Wohnräume, Höfe, Treppenhäuser, viele Gassen und Werkstätten für die Handwerker. In großen Räumen lagerten Nahrungsvorräte. Wir wissen nicht, wer in Knossos regierte, aber es gibt dort eine Art Thronsaal. In diesem Raum steht an einer Wand der sogenannte Alabasterthron.

Das große Treppenhaus

Interessantes

- Arthur Evans hat Teile des Palasts in Knossos rekonstruiert, sodass heutige Besucher einen Eindruck vom vermutlichen Aussehen des Baus bekommen.
- Auf Kreta fand man noch drei andere Paläste, doch Knossos ist der größte.

Die Ruinen des Palastes von Knossos bedecken rund 25 000 m².

Die Sage vom Minotaurus

Der Mythos erzählt von Theseus, einem Prinzen aus Athen, der nach Kreta reiste und dort zum Kampf mit dem schrecklichen Minotaurus gezwungen wurde. Dieser Minotaurus – halb Mensch, halb Stier – wurde von König Minos, dem Herrscher über Kreta, in einem Labyrinth gefangen gehalten. Ariadne, die Tochter des Königs, verliebte sich in Theseus. Bevor er zum Kampf gegen den Minotaurus in das Labyrinth stieg, gab ihm Ariadne ein Wollknäuel. Er wickelte den Faden ab, um so wieder aus dem Labyrinth herauszufinden. Theseus tötete den Minotaurus und floh dann vor dem zornigen Minos mit Ariadne von Kreta.

Das Ende der minoischen Welt

Um 1450 v. Chr. erlosch die minoische Kultur aus bis heute nicht genau geklärten Gründen. Einige Archäologen vermuten, eine Naturkatastrophe könnte dazu beigetragen haben.

Naturkatastrophen

Die Vulkaninsel Thera lag nur rund 100 km von Kreta entfernt. Um 1628 v. Chr. kam es zu einem gewaltigen Ausbruch, der den Vulkankegel wegsprengte und nur die heutige Insel Santorin übrig ließ. Die durch die Eruption ausgelösten Erdbeben und Flutwellen töteten viele Menschen und beschädigten Gebäude und Bauernhöfe – sogar auf Kreta.

Interessantes

- **Mit Vulkanasche bedeckte Felder könnten Ackerbau und Viehzucht fast unmöglich gemacht haben.**
- **In Amnissos auf Kreta wurden, möglicherweise durch eine riesige Flutwelle, große Steinblöcke fortgerissen.**

Schon gewusst?

Rund 1000 Jahre nach dem Ende der minoischen Kultur beschrieb der griechische Philosoph Platon das mächtige Inselreich Atlantis, das nach einer Naturkatastrophe im Meer versunken sein soll. Einige vermuten im minoischen Kreta das Vorbild für Atlantis.

Feuer und Invasoren

Was nach der Eruption geschah, ist unklar. Einige Bewohner kehrten später für eine gewisse Zeit in die Paläste zurück. Um 1350 v. Chr. wurden aber die meisten Paläste durch Brände zerstört. Vermutlich fielen die vom griechischen Festland kommenden Mykener auf Kreta ein. Das wieder aufgebaute Knossos brannte aber um 1100 v. Chr. erneut ab und wurde aufgegeben.

Die Ruinen von Akrotiri

Akrotiri

1967 entdeckte man auf der Insel Santorin das minoische Dorf Akrotiri. Es wurde unter Vulkanasche begraben, seine Bewohner konnten aber offenbar fliehen. Neben Straßen und Häusern blieben viele Fresken mit Alltagsszenen erhalten, wie der oben abgebildete Fischer. Man fand kaum wertvolle Objekte – vielleicht konnten die Bewohner sie noch einpacken, bevor sie flohen.

Die Mykener

Die kriegerischen Mykener waren ein mächtiges Volk der Bronzezeit. Ihr Name leitet sich von der Stadt Mykene ab.

Mykenische Kultur

Die mykenische Zivilisation war nicht zentral organisiert, sondern bestand aus mehreren kleinen Königreichen. Mykene war vermutlich die größte Stadt. Wie die anderen Städte lag sie strategisch günstig auf einem Hügel. Innerhalb der mächtigen Stadtmauern befanden sich der Palast sowie Altäre, Werkstätten und die Gräber verstorbener Herrscher. Das gewaltige Eingangstor, vermutlich um 1250 v. Chr. erbaut, wurde von zwei Löwenstatuen bewacht.

Das Löwentor

Mykenische Schrift

Die mykenische Schrift gleicht der minoischen und wird Linear B genannt. Man hat sie entziffert, allerdings fand man bisher lediglich Inventar- und Personallisten.

Mykenische Gräber

In Mykene gibt es riesige Gräber in der Form von Bienenkörben. Diese Steinbauten entstanden um 1500 v. Chr. Hier wurden die Herrscher der Stadt nach ihrem Tod mit wertvollen Beigaben in aufwendigen Zeremonien beigesetzt. Von diesen Wertsachen fand man nichts mehr, denn alle Gräber wurden bereits vor langer Zeit geplündert. Die früheren Könige hatte man in Schachtgräbern beigesetzt, die nicht so einfach auszurauben waren. 1876 öffnete der Archäologe Heinrich Schliemann diese Gräber. Er fand dort fünf goldene Totenmasken und andere wertvolle Objekte wie Schmuck und Becher aus Gold, Silber und Bronze.

Interessantes

- **Die Ruinen von Mykene sind so gewaltig, dass die Menschen früher dachten, Riesen hätten die Stadt erbaut.**
- **Um 1200 v. Chr. erlosch die mykenische Kultur, und die Städte wurden aufgegeben.**

Agamemnon

Griechischen Sagen zufolge war Agamemnon zur Zeit des Trojanischen Kriegs der König von Mykene. Als Heinrich Schliemann dort die Goldmasken fand, bezeichnete er eine als „Maske des Agamemnon". Allerdings stammt sie aus der Zeit um 1550 v. Chr., einer Epoche rund 250 Jahre vor dem Trojanischen Krieg.

Der Trojanische Krieg

In seinem Epos *Ilias* erzählt der griechische Dichter Homer vom Krieg zwischen den griechischen Helden und dem König von Troja, einer Stadt in der heutigen Türkei. Man hielt diese Geschichte für eine Legende, bis archäologische Beweise auftauchten.

Homers Geschichte

Helena, Tochter des Zeus und Gemahlin von Menelaos, dem König von Sparta, wurde von Paris, einem Prinzen aus Troja, entführt. Menelaos und sein Bruder Agamemnon mobilisierten eine große Armee, um sie zurückzuholen. Nach zehnjähriger, erfolgloser Belagerung Trojas täuschten die Griechen ihren Abzug vor. Sie ließen ein großes, hölzernes Pferd zurück, das die Trojaner in ihre Stadt zogen, weil sie es für ein Geschenk an die Göttin Athene hielten. Sie merkten nicht, dass sich griechische Soldaten darin versteckt hatten. In der Nacht kletterten die Griechen heraus und öffneten die Stadttore für ihre Armee, die Troja eroberte.

Interessantes

- **Heute können die Besucher Trojas in ein riesiges Holzpferd steigen.**
- **Die von Homer um 800 v. Chr. verfassten Epen *Ilias* und *Odyssee* beruhen auf Geschichten, die sich die Menschen seit Hunderten von Jahren erzählt hatten.**

Die griechischen Soldaten verlassen das hölzerne Pferd.

Die Entdeckung Trojas

Die meisten Menschen hatten nicht an die Existenz von Troja geglaubt. Das änderte sich, als der Archäologe Heinrich Schliemann 1870 mit Grabungen in Hissarlik in der Türkei begann und auf Reste übereinander erbauter Städte stieß. Sie lagen an einem Ort, wie ihn Homer beschrieben hatte. Einige dieser Städte waren gewaltsam zerstört worden, und Troja musste eine davon sein. In den Kriegen zwischen Griechen und Trojanern ging es wohl eher um Handel und Land als um eine Frau.

Kostbarkeiten

Schliemann fand in den Ruinen Trojas Kostbarkeiten wie Schmuck und Becher aus Gold. Heute geht man jedoch davon aus, dass diese Objekte lange vor dem Trojanischen Krieg hergestellt und genutzt wurden.

Der Aufstieg der Stadtstaaten

Der Abschnitt der griechischen Geschichte von 800–500 v. Chr. wird als archaische Zeit bezeichnet. Orte wie Athen, Sparta und Korinth gewannen im Vergleich zu anderen Städten an Bedeutung. Diese großen Städte beherrschten ihr Umland und bildeten Stadtstaaten.

Ruinen von Korinth, das zu den bedeutenderen Stadtstaaten gehörte

Stadtstaaten

Jeder der Stadtstaaten war unabhängig und hatte seine eigene Armee. Meist wurden sie von Räten regiert und nicht von Königen. Athen, Sparta und Korinth waren die mächtigsten, doch es gab auch kleinere Stadtstaaten. Man führte gelegentlich Krieg gegeneinander, war aber durch die gleiche Sprache und Religion miteinander verbunden. Jede Stadt hatte aber ihre eigenen Gesetze und ihre eigene Regierungsform.

Schon gewusst?

Sparta wurde von einem Ältestenrat regiert, der aus den beiden Königen und 28 Männern über 60 Jahren bestand, die alle Entscheidungen trafen. Es gab auch eine Volksversammlung der Vollbürger, die aber nur für oder gegen einen Vorschlag stimmen konnte. Die Abstimmung erfolgte per Zuruf, die lauteste Seite stellte die Mehrheit.

Schon gewusst?

Die Einwohner der Stadtstaaten waren entweder Freie oder Sklaven. Die Sklaven hatten keine Rechte und wurden nur ganz selten in die Freiheit entlassen.

Griechische Kolonien in der Antike

Expansion

Ab 1000 v. Chr. begannen die Griechen, ihr angestammtes Gebiet zu verlassen und woanders Kolonien zu gründen, die selbst zu Staaten wurden. Viele Kolonien lagen am Schwarzen Meer, doch es gab einige in Ägypten, Frankreich, Süditalien und auf Sizilien. Einige brachten es zu Wohlstand. Die meisten griechischen Stadtstaaten konnten nicht genug Nahrungsmittel produzieren, und so musste das Getreide oft aus den Kolonien am Schwarzen Meer bezogen werden.

Die Griechen auf Sizilien

Einige Stadtstaaten gründeten Kolonien auf Sizilien. Die Korinther ließen sich in Syrakus nieder, das zur größten griechischen Stadt der Insel wurde. Links sind die Ruinen des Theaters in Syrakus abgebildet.

Sparta

Sparta im Süden Griechenlands wurde zu einem der größten und mächtigsten der Stadtstaaten. Das Leben dort war aber nicht sehr angenehm, denn alles im Staat war auf den Unterhalt einer starken Armee ausgerichtet.

Interessantes

- Die Militärausbildung begann früh. Ab dem achten Lebensjahr lebten Jungen in Militärinternaten, ab dem 20. Lebensjahr dann in Kasernen.

Ein Militärstaat

Alle Bürger Spartas mussten Soldat werden. Sie verbrachten ihr ganzes Leben mit Drill und militärischer Ausbildung. Sie aßen und schliefen in Kasernen und kamen nur selten nach Hause, auch wenn sie verheiratet waren. Vollbürger mit politischen Rechten waren nur in Sparta geborene Männer (Spartiaten). Daneben gab es die Perioiken aus dem Umland, die Kriegsdienst leisteten und persönlich frei waren, und die Heloten, Angehörige der unterworfenen Urbevölkerung, die als Staatssklaven das Land bestellten.

Die Soldaten trugen scharlachrote Mäntel und oft langes Haar.

Schon gewusst?
In Sparta trieben die Mädchen genauso Sport wie die Jungen – für die anderen Griechen sehr befremdlich.

Frauen in Sparta

Frauen konnten keine Vollbürger Spartas werden. Auch sie wurden zur körperlichen Ertüchtigung angehalten, um möglichst starke Kinder und gute Krieger zu gebären. Die Spartanerinnen galten als ebenso zäh wie die Männer.

Der Krater von Vix

Dieses riesige, 1,5 m hohe Gefäß fand man in einem Häuptlingsgrab in Frankreich. Es stammt aus einer Werkstatt in Sparta. Den Rand schmücken Darstellungen griechischer Kämpfer. Die Handwerker aus Sparta waren einst für die Qualität ihrer Metallarbeiten bekannt, doch mit zunehmender Konzentration auf das Militär ließ das Interesse am Kunsthandwerk nach.

Die Ruinen von Sparta heute

Schon gewusst?

Die neugeborenen Babys wurden von den Oberhäuptern begutachtet. Erschienen sie schwach, krank oder später für das Militär ungeeignet, setzte man sie zum Sterben vor der Stadt aus.

Land- und Seekrieg

Die griechischen Stadtstaaten befanden sich häufig im Krieg, sei es untereinander oder gegen Invasoren wie die Perser. Die griechischen Heere waren gut trainiert und erfolgreich; ebenso stark war die Marine.

Schiffe

Die stärksten griechischen Kriegsschiffe waren die Trieren, große Schiffe mit drei Ruderreihen. Sie waren schnell, einfach zu steuern und hatten am Bug einen bronzenen Sporn, um feindliche Schiffe rammen zu können. Nur die reichsten Staaten konnten sich die in Bau und Unterhalt teuren Trieren leisten.

Soldaten zu Pferd

Zunächst waren Soldaten zu Pferd oder in Kampfwagen die wichtigsten Einheiten der griechischen Armeen. Allerdings mussten sie Pferde und Ausrüstung selbst stellen, sodass nur Reiche für die Aufgabe infrage kamen.

Die Griechen benutzten verschiedene Schiffstypen, nicht nur Trieren. Trieren wurden durch Ruder angetrieben, hatten aber zusätzliche Segel.

Interessantes

- **Ein Hoplit konnte selbst entscheiden, wie sein Rundschild dekoriert sein sollte.**
- **Im Winter, wenn das Meer zum Auslaufen zu rau war, lagerten die Trieren in speziellen Schiffshallen in Hafennähe.**

Hopliten

Ab dem 7. Jahrhundert v. Chr. bildeten Fußsoldaten, Hopliten genannt, die Kerntruppen der Armeen. Hopliten waren mit bronzenen Brust- und Rückenpanzern, Beinschienen und Helmen gut geschützt. Dazu trugen sie Schilde aus Bronze und Leder. Die Bewaffnung bestand aus langen Speeren und eisernen Schwertern.
Die Athener benutzten die Kampfformation der Phalanx: eine geschlossene, vier oder acht Reihen tiefe, breite Schlachtordnung.

Schon gewusst?
Nur die reichsten Soldaten konnten sich Panzer und Speere leisten. Die ärmeren kämpften mit Pfeil und Bogen oder Steinschleudern.

Die Perserkriege

Im 6. Jahrhundert v. Chr. wurden die griechischen Stadtstaaten von Persien (heute Iran), einem riesigen und mächtigen Reich, bedroht.

Der Streit beginnt

546 v. Chr. übernahmen die Perser die griechischen Territorien in Ionien (heute Westtürkei). Die Rebellion der Ionier 500–494 v. Chr. wurde niedergeschlagen. Perserkönig Dareios beschloss, Athen wegen dessen Unterstützung der Ionier zu bestrafen.

Die Schlacht bei Marathon

Dareios ging mit seinen Truppen bei Marathon in der Nähe Athens an Land. Die Athener mobilisierten mit ihren Verbündeten ein Heer und erzielten einen erstaunlichen Sieg über die viel größere persische Armee.

Perserkönig Dareios in seinem Streitwagen

Persiens Rache

Xerxes, der nächste Perserkönig, fiel 480 v. Chr. erneut in Griechenland ein. Seine gewaltige Armee traf bei den Thermopylen, einem Engpass, auf die Griechen. Heute erinnert ein Standbild des Spartanerkönigs Leonidas an die griechischen Soldaten, die dort im Abwehrkampf gegen die Perser fielen. Die Griechen wurden besiegt, und die Perser marschierten nach Athen.

Schon gewusst?

Nach dem Sieg bei Marathon schickte man einen Boten nach Athen. Er rannte die 37 Km, überbrachte die Nachricht und fiel dann erschöpft tot um. Von diesem historischen Ereignis leitet sich der moderne Marathonlauf ab.

Die Niederlage der Perser bei Salamis

Die größte Chance der Athener, die Perser zu besiegen, war eine Seeschlacht, denn sie hatten die besseren Schiffe. 480 v. Chr. lockten sie die persische Marine, die von Xerxes angeführt wurde, bei Salamis in eine Falle und vernichteten sie fast komplett. Der Sieg bei Plataiai an Land und ein weiterer zur See beendeten 479 v. Chr. die persische Besatzung. Die griechischen Stadtstaaten schlossen danach ein Bündnis zur gegenseitigen Verteidigung.

Athen

Die Stadt Athen ist nach Athene benannt, der Göttin der Weisheit und des Kampfes. Athen war die größte Stadt Griechenlands und einer der mächtigsten Stadtstaaten. Einige der Ideen aus dem alten Athen wirken bis heute fort.

Der Aufstieg Athens

In den Jahren von 500–336 v. Chr., die man als klassische Periode bezeichnet, blühte die Stadt Athen auf. 449 v. Chr. begann Perikles, der populäre Athener Politiker und Feldherr, mit dem Wiederaufbau der Tempel auf der Akropolis, die während der Perserkriege zerstört worden waren. Athen entwickelte sich zu einem Zentrum für Handel, Kultur, Bildung und Wissenschaft, Medizin und Philosophie.

Schon gewusst?
In der klassischen Zeit war Athen eine Großstadt. Damals könnten dort fast 250 000 Menschen gelebt haben.

Die Akropolis in Athen

Schon gewusst?
In Athen gab es Gesetze, aber keine Berufsrichter. Durch Losentscheid wurden Bürger für den Gerichtsdienst bestimmt. Um Einschüchterung oder Bestechung vorzubeugen, konnte eine Gerichtsversammlung mehrere Hundert Mitglieder haben.

Das Leben in der Stadt

Athen wurde von einem Hügel überragt, der Akropolis heißt und auf dem die wichtigsten Tempel standen. In der flachen Ebene darunter lebte und arbeitete man. Eine besondere Bedeutung hatte in einer griechischen Stadt der große Marktplatz, die Agora. Lange Säulenhallen, Stoa genannt (links), umrahmten die Agora, auf der auch die Volksversammlung zusammentrat.

Silbermünze

Wohlstand

Athen liegt landeinwärts, besaß aber mit Piräus einen Hafen an der nahen Küste. Der Hafen war wichtig für den Handel, der Geld in die Stadt brachte. Auch die Silberminen im benachbarten Laurion waren eine gute Einnahmequelle für Athen. Tausende Sklaven förderten das Silber, aus dem Athen seine Münzen prägte.

Demokratie

Der Athener Kleisthenes schuf eine Versammlung, in der jeder Bürger Rede- und Stimmrecht hatte. Dieses Herrschaftssystem nannte man Demokratie, abgeleitet von dem Griechischen *demos*, „Volk", und *kratia*, „Herrschaft". Frauen, Sklaven und Fremde galten aber nicht als Bürger. Dieses Regierungssystem, in dem jeder Bürger eine Stimme hat, wird heute in vielen Ländern angewandt.

Die Akropolis und der Parthenon

Der Parthenon ist das berühmteste Bauwerk der griechischen Antike. Er war der größte Tempel auf der Akropolis und steht auf der höchsten Stelle des Hügels.

Die Akropolis

Der Haupttempel der Akropolis war der Parthenon, doch es gab dort noch weitere wichtige Tempel. Zu ihnen zählt der Tempel der Athena Nike, der siegreichen Athene. Seinen Fries schmücken neben Götterdarstellungen auch Kriegsszenen. Um die Tempel zog sich eine starke Mauer mit einem großen Tor.

Der Parthenon

Der Parthenon war der Göttin Athene gewidmet und diente auch als Schatzkammer, in der Opfergaben aus Gold und Silber aufbewahrt wurden. Der Tempel überstand rund 2000 Jahre unbeschädigt. 1687 explodierte dort gelagertes Schießpulver und zerstörte das Innere des Tempels.

Diese Illustration aus dem frühen 20. Jahrhundert vermittelt einen Eindruck, wie das Innere des Parthenon ausgesehen haben könnte.

Interessantes

- Den Parthenon zierten ursprünglich zahlreiche Skulpturen und Marmorreliefs. Viele wurden Anfang des 19. Jahrhunderts entfernt und an das Britische Museum verkauft.
- Die kolossale Statue der Athene im Parthenon hat vermutlich mehr gekostet als der Bau selbst. Sie wurde von dem mit Perikles befreundeten Bildhauer Phidias angefertigt.

Schon gewusst?

Im Inneren des Parthenon stand eine riesige, fast 12 m hohe Statue der Göttin Athene. Die Figur aus Holz und Elfenbein trug aus Goldplatten gefertigte Kleider. Drohte Gefahr durch Invasoren, nahm man die Goldplatten ab und brachte sie in Sicherheit.

Griechische Säulen

Säulen sind ein typisches Element vieler griechischer Bauwerke, so auch des Parthenon. Diese Säulen scheinen überall gleich dick zu sein. Wenn man aber eine exakt gerade Säule anschaut, wirkt sie in der Mitte dünner. Die Architekten machten die Säulen also in der Mitte etwas dicker, damit sich ein perfekt gerader Anblick ergab.

Der Peloponnesische Krieg

Der Machtkampf zwischen Athen und Sparta begann 431 v. Chr. Athen wurde von seinen Kolonien unterstützt. Sparta schloss Bündnisse mit seinen Nachbarstaaten auf der Peloponnes in Südgriechenland. Die daraus entstehenden kriegerischen Auseinandersetzungen, der Peloponnesische Krieg, dauerten über 20 Jahre.

Athen und Sparta

Als Athen reicher und mächtiger wurde, fühlten sich einige der kleineren Stadtstaaten bedroht. Die Aristokratie in Sparta befürchtete, das Modell der Athener Demokratie könnte auch in Sparta Anhänger finden und so ihre eigene Machtposition gefährden. 460 v. Chr. bauten die Athener die „Langen Mauern" zwischen der Stadt und dem Hafen Piräus. So war der Zugang zum Meer für Händler und zur Marine auch bei einer Belagerung Athens gesichert. Sparta sah im Bau der Mauern aber eine Vorbereitung Athens auf den Krieg.

Athen erweiterte seine Stadtmauern bis zum Hafen von Piräus.

Skulptur eines Fußsoldaten

Interessantes

- 430 v. Chr. brach in Athen die Pest aus. Etwa ein Viertel der Einwohner starb.
- Nach der Niederlage herrschten in Athen mit Unterstützung Spartas 30 Oligarchen. Nach Protesten gegen deren Terrorregime führte Sparta die Demokratie wieder ein.

Krieg

435 v. Chr. kam es zu Kämpfen zwischen Korinth und seiner Kolonie Korfu. Athen und Sparta engagierten sich jeweils für unterschiedliche Seiten. Sparta erklärte Athen den Krieg und rückte 431 v. Chr. gegen die Stadt vor. Athen widerstand der Belagerung, weil es sich über Piräus Nachschub verschaffen konnte. Allerdings tötete eine Seuche viele Athener. Mit einem Waffenstillstand endete 421 v. Chr. die erste Phase des Peloponnesischen Kriegs.

Schon gewusst?

Die Stadtmauern um Athen waren rund 7 m hoch und über 2 m dick. Zahlreiche Tore ermöglichten den Zugang zur Stadt. Jedes Stadttor wurde durch zwei Türme abgesichert.

Athens Fiasko

Der Krieg flammte wieder auf, und Athen verlor 415 v. Chr. durch Verrat fast 200 Schiffe. Als ihm seine Verbündeten davonliefen, wurde Athen schwächer; gleichzeitig schloss sich Sparta mit Persien zusammen. Nach einer erneuten Belagerung musste Athen 404 v. Chr. kapitulieren, und der Peloponnesische Krieg ging zu Ende.

Aufstieg Makedoniens

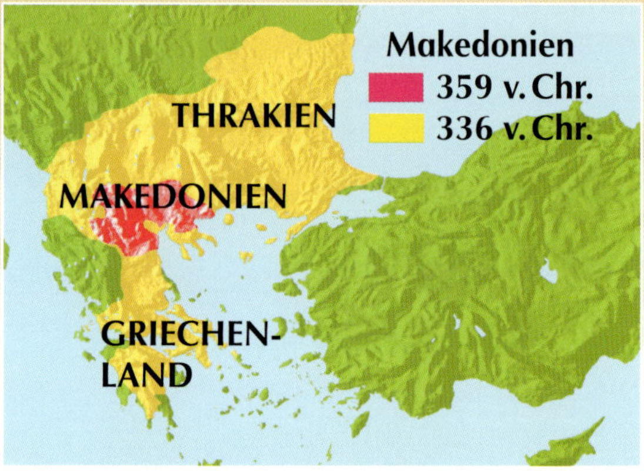

In den meisten griechischen Stadtstaaten galten die Makedonier als Barbaren. Man konnte sich nicht vorstellen, dass Makedonien einmal zur Großmacht werden würde.

Makedonien und König Philipp

Makedonien hatte eine von Kriegen und Invasionen geprägte Geschichte, als Philipp II. 359 v. Chr. dort an die Macht kam, das Königtum intern stärkte und die Armee reformierte. Dann begann er mit seinen Eroberungsfeldzügen.

Eroberungen

Mit der Kontrolle über Thessalien und Thrakien erweiterte Philipp das Territorium von Makedonien gewaltig. Das beunruhigte die Stadtstaaten, etwa Athen und Theben, die sich gegen ihn zusammenschlossen. Philipp besiegte sie 338 v. Chr. bei Chaironeia. Als Nächstes plante er den Angriff auf Persien.

Porträtbüste von Philipp II.

Soldaten

Unter Philipp II. wurden die makedonischen Soldaten die besten Kämpfer Griechenlands. Sie waren mit 5 m langen Lanzen und einer besonderen Rüstung ausgestattet. Mit großen Katapulten aus Holz schleuderten sie Steine auf den Feind.

In einem Grab gefundener Panzer, der vermutlich Philipp II. gehörte

Schon gewusst?

Philipp hatte mit seiner Gemahlin Olympias einen Sohn, Alexander. 337 v. Chr. wollte er sich eine andere Frau nehmen, wurde aber ermordet. Man weiß nicht, wer den Mörder bezahlte – Olympias oder die Perser?

Philipps Grab

In Vergina entdeckte man 1977 ein makedonisches Grab. In einer goldenen Truhe lagen die Gebeine eines Mannes. Wissenschaftler rekonstruierten sein Gesicht, das eine Verletzung über dem rechten Auge aufwies. Weil Philipp sein rechtes Auge in einer Schlacht verloren hatte, vermutet man, dass es sein Grab sein könnte.

Alexander der Große

Alexander, Sohn und Nachfolger Philipps von Makedonien, war ein brillanter Feldherr. Er führte die Politik seines Vaters fort und eroberte ein riesiges Reich.

Krieg gegen Persien

Alexander drang mit seinen makedonischen Truppen 334 v. Chr. nach Kleinasien (heute Türkei) vor. Er befehligte 35 000 Soldaten, doch der Perserkönig Dareios III. hatte ein viel größeres Heer. Trotzdem konnte Alexander die Perser 333 v. Chr. bei Issos besiegen. Dareios aber entkam. 332 v. Chr. zog Alexander nach Ägypten und brachte es unter seine Kontrolle. Auf dem Rückweg nach Persien stießen Alexanders Truppen bei Gaugamela erneut auf das Heer von Dareios. In einer schweren Schlacht wurde die persische Armee vernichtet. 331 v. Chr. krönte man Alexander zum König von Persien.

Interessantes

- Dareios entkam nach der Schlacht bei Gaugamela, wurde aber später von seinen eigenen Leuten ermordet.
- Die Makedonier gründeten in den von ihnen eroberten Ländern viele Städte. Mehrere wurden nach Alexander dem Großen benannt.

Ein Mosaik zeigt Alexander den Großen im Kampf.

Revolte der Soldaten

Die Makedonier zogen weiter nach Zentralasien, durch Persien bis nach Indien. Alexanders Armee durchquerte dabei auch die Gebirgsregion des Hindukusch. Doch die Soldaten waren erschöpft und verweigerten den Weitermarsch. Alexander musste umkehren.

Der Hindukusch

Das Ischtar-Tor in Babylon

Alexanders Tod

Nach der Rückkehr nach Persien erkrankte Alexander an einem Fieber und starb im Alter von 32 Jahren 323 v. Chr. in Babylon. Nach seinem Tod teilten seine Feldherren das Reich untereinander auf. Ptolemaios übernahm Ägypten, das von seinen Nachkommen bis 30 n. Chr. beherrscht wurde. Antigonos herrschte in Makedonien und kontrollierte Griechenland. Seleukos regierte den Nahen Osten und Zentralasien. Alexanders Reich war zerfallen.

Religion und Tempel

Die alten Griechen verehrten zahlreiche Gottheiten. Durch Opfergaben glaubte man, sich die Gunst und den Schutz der Götter und Göttinnen zu sichern.

Schon gewusst?

Die griechischen Götter verhielten sich ziemlich menschlich. Sie stritten, kämpften, verliebten sich und heirateten. Oft hatten sie direkten Kontakt mit Menschen. Viele Helden der griechischen Sagen haben einen göttlichen Elternteil.

Verehrung und Anbetung

Tempel wurden erbaut, um den Göttern als Wohnstätte zu dienen. Jeder Tempel war einer bestimmten Gottheit geweiht. Die Menschen beteten meist an kleinen Altären in ihren Häusern; weniger im Tempel, zu dem nur Priester Zutritt hatten. An Feiertagen versammelten sich die Menschen vor dem Tempel, um den Göttern Opfer zu bringen. Der Tempel des Poseidon (unten) ist einer von drei großen Tempeln in Paestum, einer um 700 v. Chr. gegründeten griechischen Kolonie in Süditalien. Der Ort liegt etwa 80 km südlich von Neapel.

Der Poseidon-Tempel in Paestum

Prächtige Tempel

Weil die Tempel die Häuser der Götter waren, erbaute man sie aus kostbaren Materialien wie etwa Marmor. Die Tempel waren mit bemalten Skulpturen und Ornamenten üppig ausgeschmückt. In der Mitte befand sich gewöhnlich eine Statue der Gottheit, der der Tempel gewidmet war. Im hinteren Bereich gab es einen Raum zur Aufbewahrung der wertvollen Opfergaben.

Man glaubte, Zeus und andere wichtige Götter wohnten auf dem Gipfel des Bergs Olymp, den folglich kein Mensch betreten durfte.

Interessantes

- **Manchmal errichtete man nach einem militärischen Sieg einer Gottheit einen Tempel als monumentales Dankesgeschenk.**
- **Die einzelnen Götter wurden unterschiedlich angebetet und bekamen ganz spezielle Tiere als Opfer dargebracht.**

Säulen

Die meisten Tempel hatten umlaufende Säulenreihen. Der verzierte obere Abschluss einer Säule heißt Kapitell.

Göttinnen und Götter

Die Griechen verehrten viele Göttinnen und Götter. Hier werden einige der wichtigsten in einer kleinen Auswahl vorgestellt.

Zeus in seinem Wagen, Gemälde aus den 1870er-Jahren

Zeus

Zeus war der König der Götter und mit seiner Schwester Hera verheiratet. Er schützte die Ordnung der Welt.

Athene

Athene, Zeus' Tochter, war die Göttin der Weisheit und des Kampfes. Sie war auch die Schutzgöttin der Stadt Athen.

Apollon

Apollon war Gott des Lichts, der Weissagung, der Künste und der Musik. Daneben rief man ihn an, wenn man geheilt werden wollte.

Artemis

Artemis, die Mondgöttin und Göttin der Jagd, war Apollons Schwester. Sie beschützte Mädchen und Schwangere.

Aphrodite

Aphrodite war die Göttin der Schönheit und der Liebe. Ihre Schönheit führte zu Eifersucht, Streit und sogar Krieg.

Poseidon

Poseidon war der König der Ozeane und kontrollierte Stürme sowie das Meer.

Hermes

Hermes war der Götterbote. Vor Antritt einer Reise erbaten sich die Menschen seinen Schutz.

Demeter

Demeter war die Göttin der Erde und der Fruchtbarkeit. Zusammen mit ihrer Tochter Persephone wachte sie über Pflanzen und Ernte.

Hera

Hera, die Gemahlin des Zeus, war Beschützerin der Frauen und der Ehe.

Wandgemälde mit Aphrodite, 1. Jahrhundert n. Chr.

Hades

Hades war der Herrscher der Unterwelt. Man wagte seinen Namen nicht laut auszusprechen und nannte ihn deshalb Pluton.

Dionysos

Dionysos, der Sohn des Zeus, war Gott der Reben, des Weins und des Theaters.

Dieses Relief zeigt Poseidon, Athene, Apollon und Artemis.

Schon gewusst?

Jede Gottheit wurde mit bestimmten Dingen oder Symbolen verbunden. Athene wurde oft durch eine Eule symbolisiert. Dieser Vogel schmückte auch die Münzen der Stadt Athen, die man auch „Eulen" nannte.

Orakel und Feste

Die Götter standen den alten Griechen sehr nahe. Die Menschen glaubten, man könne mit den Göttern Absprachen treffen.

Orakel

Die Menschen sprachen zu ihren Göttern. Und die Götter antworteten ihnen, indem sie einen Priester oder eine Priesterin als Sprachrohr benutzten. Das berühmteste dieser sogenannten Orakel war in Delphi, wo sich Apollon durch die Priesterin Pythia äußerte. Sie sagte die Zukunft voraus und war so berühmt, dass viele ihren Rat suchten, sogar Könige aus fernen Ländern. Allerdings konnte das Orakel nur für eine kurze Zeit befragt werden, ursprünglich nur an einem Tag im Jahr.

Aigeus, der König von Athen, befragt das Orakel in Delphi.

Schon gewusst?

Das Orakel von Delphi äußerte sich nicht immer eindeutig und klar. Der lydische König Kroisos soll die Pythia gefragt haben, wie ein Angriff auf Persien ausgehen werde. Sie antwortete ihm, er werde ein großes Reich zerstören. Er griff an und verlor. Das Reich, das er zerstörte, war sein eigenes.

Interessantes

- **Jeder, der das Orakel in Delphi befragen wollte, musste wertvolle Opfergaben bringen und eine hohe Gebühr bezahlen.**
- **Eine andere Art der Weissagung war das Deuten von Omen oder Zeichen. Man beobachtete dazu den Flug von Vogelschwärmen oder die Bahnen von Blitzen.**

Die Ruinen eines Tempels in Delphi

Feste

Auch Feste dienten dazu, mit den Göttern Abkommen zu treffen oder ihnen zu danken. Man beging sie, um die Götter zum Schutz einer Stadt, zur Sicherung einer Ernte oder zur Erfüllung der Wünsche eines reichen Bittstellers zu bewegen. Manche Feste waren bescheiden, andere sehr aufwendig. Sie wurden begangen mit Musik, Gesang, Tanz, Schauspiel, Prozessionen, reichlichem Essen und Trinken und religiösen Zeremonien, bei denen Tiere geopfert wurden. Meist fanden sie jährlich oder alle vier Jahre zu einer bestimmten Zeit statt.

Die Spiele in Olympia

Auch sportliche Wettkämpfe dienten der Götterverehrung und waren oft Bestandteil eines religiösen Fests. Am bekanntesten waren die Spiele in Olympia.

Fest des Zeus

Alle vier Jahre gab es einen berühmten Wettkampf in Olympia, einem Ort, der Zeus geweiht war. Aus ganz Griechenland reisten die besten Athleten zu diesen fünftägigen Spielen an. Später durften auch Sportler aus anderen Gegenden teilnehmen. Am letzten Tag ehrte man die Sieger mit Kränzen aus Olivenzweigen.

Relief mit zwei Ringern

Sportwettbewerbe

Die Spiele begannen mit einem Laufwettbewerb, doch es gab viele andere Disziplinen. Ringen, Pankration – ein Zweikampf –, Weitsprung, Diskus- und Speerwerfen waren sehr populär.

Pferderennen

Es fanden auch Pferde- und Wagenrennen statt. Letztere galten als besonders aufregend. Die Wagen wurden von zwei oder vier Pferden gezogen. Bei bis zu 40 gestarteten Gespannen gab es viele dramatische Zusammenstöße.

Interessantes

- Die Spiele in Olympia waren im 7. Jahrhundert v. Chr. so wichtig, dass man Kriege unterbrach, damit die Menschen sie besuchen konnten.
- Für Frauen gab es eigene Spiele, die Heräen. Mittelpunkt war ein Laufwettbewerb.

Laufen

Die Laufwettbewerbe wurden auf einer 192 m langen Bahn ausgetragen. Die Sprinter rannten eine Bahnlänge, die Langläufer legten die Strecke bis zu 24-mal zurück.

Die Palästra

Die Palästra war der Übungsplatz der Ringer und Faustkämpfer. Der mit Sand bedeckte offene Hof war von Schatten spendenden Kolonnaden und Übungs- und Lagerräumen umgeben. Hier sieht man die verbliebenen Säulen einer solchen Kolonnade.

Schon gewusst?

Beim Pankration, einem Zweikampf, der Ringen und Faustkampf umfasste, war fast alles erlaubt, nur Beißen und Augeneindrücken waren verboten. Die Kämpfer trugen mit Metall gespickte Lederriemen, was zu schweren Verletzungen oder gar Todesfällen führte.

Arbeitsleben

Die meisten Griechen waren damals Bauern, andere arbeiteten als Handwerker, Händler, Seeleute oder Bauunternehmer. Schwere, schmutzige oder gar gefährliche Arbeiten verrichteten Sklaven.

Interessantes

- **Beamte kontrollierten die Händler, damit sie korrekte Maße und Gewichte benutzten und nicht betrogen.**
- **Olivenöl wurde nicht nur zum Kochen gebraucht, sondern als Medizin, für Kosmetik, zum Waschen und als Lampenöl.**

Auf dieser Vase sind Arbeiter bei der Olivenernte dargestellt.

Handwerker

Geschickte Handwerker fertigten schöne Tongefäße und Metallarbeiten an. Die bemalten Tonwaren schmückten Szenen aus der Mythologie und dem Alltagsleben. Viele Informationen über das Leben in der Antike verdanken wir diesen Darstellungen.

Waffen, Schmuck und Skulpturen wurden aus Metall hergestellt. Die Werkstätten lagen meist in der Nähe der Wohnungen.

Die Produkte der Tischler und Lederverarbeiter haben sich nicht erhalten.

Bauern und Händler

Es gab zwar Landwirtschaft im Umland von Athen, doch diese Betriebe waren eher klein. Die meisten Nahrungsmittel für die Stadt mussten von außerhalb oder aus dem Ausland bezogen werden. Handelsschiffe brachten alles, von Getreide bis Metallerz, in den Hafen von Piräus. Die Güter wurden auf dem Marktplatz an provisorischen Ständen oder in Geschäften verkauft. Es gab Obst, Gemüse, Öl und Wein. Fisch und Fleisch wurden zur Kühlung auf Marmorplatten präsentiert. Auch Sklaven konnte man auf dem Markt kaufen.

Schon gewusst?
Sklaven halfen auch in den Übungsstätten, wo die Männer Sport trieben. Die Männer trugen beim Sport keine Kleidung. Nach dem Training oder Wettkampf rieben die Sklaven sie mit Olivenöl ab.

Sklaven

Haushaltssklaven übernahmen das Saubermachen, Kochen (wie die Frau in dieser Darstellung) und Wasserholen. Sie umsorgten ihre Besitzer, halfen ihnen beim Anziehen und servierten das Essen. Ein besonderer Sklave brachte die Jungen zur Schule und überwachte die Hausaufgaben. Sklaven arbeiteten auch in Silberminen und Werkstätten. Ihr Leben war oft sehr hart. Verdächtigte man sie eines Verbrechens, konnten sie gefoltert werden, denn ihrem Wort traute man nicht.

Familienleben

Familienoberhaupt war immer ein Mann, der auch die Regeln vorgab. Frauen verließen nur selten das Haus. Kinder, speziell Jungen, waren sehr wichtig.

Schon gewusst?

Frauen und Männer, gerade die wohlhabenderen, hatten jeweils eigene Räume im Haus. Das Gynaikeion, der Bereich der Frauen, lag meist im Obergeschoss. Die Männer speisten und empfingen ihre Freunde im Andron im Erdgeschoss.

Skulptur eines Mädchens

Jungen

Jungen wurden zu künftigen Bürgern erzogen. Der Unterricht war ziemlich teuer, und nur die Söhne reicher Familien bekamen diese Ausbildung. Die meisten Jungen mussten bereits früh im Betrieb der Väter mithelfen. Mit zwölf Jahren galten sie als junge Erwachsene. Um ein guter Soldat zu werden, musste sich ein Junge fit halten. Die Mitarbeit in der eigenen Landwirtschaft war für Jungen ebenfalls üblich, wie unten zu sehen ist.

Mädchen

Mädchen gingen nicht zur Schule und lernten meist weder lesen noch schreiben. Sie konnten keinen eigenen Besitz haben und kein Geld erben. Nach der Heirat mussten sie ihre Familie verlassen. Mädchen heirateten normalerweise mit 13 oder 14 Jahren.

Frauen

Frauen hatten fast immer einen Vormund. Sie konnten nicht am politischen Leben teilnehmen. Ihre Väter, Brüder, Ehemänner oder Söhne bestimmten über ihr Handeln. Frauen blieben meistens zu Hause. Sie führten den Haushalt, verwalteten das Geld, wiesen die Sklaven an, spannen Wolle und webten Stoffe. Außerdem pflegten sie die Kranken. Ärmere Frauen verließen öfter das Haus, um Essen zu kaufen oder Wasser zu holen. Manche betrieben sogar Schankwirtschaften. Einige Frauen, oft ehemalige Sklavinnen, lebten unabhängig als Gesellschafterinnen reicher Männer. Sie genossen nur geringes Ansehen.

Dieses Bild auf einem Vasenfragment zeigt eine Frau, die ihre Freundin mit Musik unterhält.

Kleidung und Schmuck

Die Griechen trugen einfache und bequeme Kleider. Reiche Frauen hatten oft wunderschönen Schmuck.

Eingehüllt

Die Bekleidung von Männern wie Frauen bestand aus rechteckigen Stoffbahnen. Diese Woll- oder Leinentücher waren an den Seiten so zusammengenäht, dass oben Platz für die Arme blieb. Man befestigte das Kleid mit Broschen oder Spangen über der Schulter. Der Stoff fiel locker über den um die Taille gebundenen Gürtel. Das Kleid der Männer war knielang, das der Frauen reichte bis zum Boden. Manchmal trug man auch einen Umhang. Von Frauen erwartete man, dass sie ihren Körper verhüllten und außer Haus auch ihren Kopf bedeckten.

Frisuren

Frauen, Sklavinnen ausgenommen, trugen langes Haar. Es wurde mit Bändern und Tüchern zu ausgefallenen Frisuren gebunden. Die Männer hatten oft Bärte.

Schon gewusst?

Stoff färbte man gerne in kräftigen Farben, die aus Pflanzen gewonnen wurden. Eine Ausnahme war Purpur: Für ein Gramm Farbe braucht man rund 10 000 Purpurschnecken. Nach dem Färben behandelte man den Stoff mit Urin, um die Farbe zu fixieren.

Dies ist mit Sicherheit eine reiche Frau, da sie eine komplizierte Frisur und viel Schmuck trägt. Sie betrachtet sich in einem Spiegel.

Interessantes

- Frauen mieden die Sonne. Sonnenbräune galt als hässlich, und man puderte sich das Gesicht, um den Teint aufzuhellen.
- Die meisten Griechen gingen barfuß oder trugen Riemensandalen aus Leder.

Schmuck

Die Frauen trugen gerne Ohrringe aus Gold oder Silber, wie die zahlreichen archäologischen Funde belegen. Reiche Frauen hatten auch goldene Hals- und Armbänder oder Haarschmuck. Nadeln und Broschen brauchte man zum Feststecken der Kleidung.

Ohrring

Essen und Gelage

In der Antike aß man meist ganz ähnliche Speisen wie heute. Ein Bankett konnte aber sehr ausgefallen sein.

Becher aus der Zeit um 400 v. Chr.

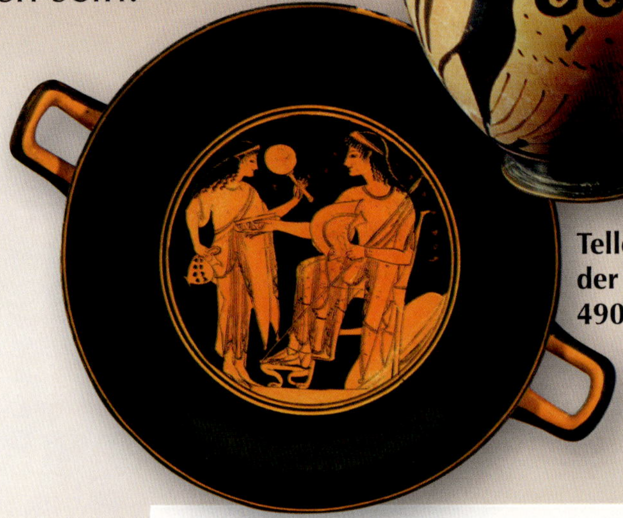

Teller aus der Zeit um 490 v. Chr.

Ernährung

Die meisten Menschen ernährten sich von Brei und Brot, die vorrangig aus Gerste, seltener aus Weizen gemacht wurden. Obst, Gemüse, Linsen und Oliven waren ebenso beliebt wie Fisch und Käse. Fleisch gab es hauptsächlich zu besonderen Anlässen wie etwa religiösen Festen.

Becher und Teller

Der Becher ist mit einer Eule verziert, dem Symbol der Göttin Athene. Auf Tellern und Schalen findet man häufig Szenen aus der griechischen Mythologie.

Wein

Wein, das bevorzugte Getränk, mischte man meist mit Wasser. Bei einem Gelage geschah dies in einem großen Gefäß, Krater genannt. Ein Sklave schenkte dann das Getränk in Bechern und Kannen aus.

Schon gewusst?
Schafe und Ziegen lieferten Fleisch, Milch, Wolle und Häute. Diese Tiere eigneten sich gut für das Leben in der gebirgigen Landschaft Griechenlands.

Gelage

Das Abendessen wurde spät und häufig in Gesellschaft eingenommen. Männer gaben Bankette oder Gelage, zu denen – Sklavinnen ausgenommen – keine Frauen zugelassen waren. Die Gäste machten es sich dabei auf Liegen bequem.

Nach dem Essen

Der Abend begann erst richtig, wenn das Essen abgetragen war. Die Männer diskutierten beispielsweise über Politik. Manchmal traten Sänger, Gaukler oder Geschichtenerzähler auf.

Schon gewusst?

Auch seriöse Gesellschaften wurden lockerer, je mehr die Gäste tranken. Manche Becher liefen unten spitz zu, damit man sie nicht abstellen konnte: Sie wurden weitergereicht, bis sie leer waren. Irgendwann kippten die Männer um und schliefen auf ihren Liegen, während die Sklaven aufräumten.

Szene eines Banketts: Ein Diener bietet den Gästen eine Platte mit Früchten an.

Interessantes

- **Die alten Griechen süßten ihre Speisen mit Honig, weil es keinen Zucker gab.**
- **Man benutzte keine Gabeln, sondern nahm das Essen mit den Fingern oder Brotstücken zu sich.**

Theater

Einige Theater und Theaterstücke der Antike blieben uns erhalten. Die Aufführungen waren beliebt und gut besucht. Sie dauerten fast den ganzen Tag, daher hatte man immer etwas zu essen und zu trinken dabei.

Ursprünge des Theaters

Lieder und Tänze waren ursprünglich Bestandteil religiöser Feste. Mit der Zeit gab man dem Ganzen einen Handlungsrahmen, der immer wichtiger wurde. Bald entstanden Theaterstücke mit verschiedenen Charakteren. Der Chor sprach dabei das Publikum direkt an.

Tragödien und Komödien

Es gab zwei Arten von Theaterstücken. Die ernsten Tragödien handelten von Göttern und Helden. Komödien unterhielten mit teilweise derben Scherzen und der Verspottung von Politikern. Die Masken von Komödie und Tragödie (oben) sind bis heute ein Symbol des Theaters.

Interessantes

- Auch die Frauenrollen wurden von Männern gespielt.
- Klassische Theaterstücke wie *Medea* von Euripides und *Antigone* von Sophokles werden bis heute aufgeführt, manchmal mit Nachbildungen von Kostümen und Masken der antiken Inszenierungen.

Theater

Die griechischen Theater waren halbkreisförmige, in einen Hügel gebaute Freilufttheater. Unten auf der runden, ebenen Bühne agierten Schauspieler und Chor. Auf den ansteigenden Zuschauerrängen gab es gestaffelte Sitzreihen. Das berühmte Theater in Epidauros hatte Platz für 14 000 Menschen. Es ist so konstruiert, dass selbst ganz oben in den hintersten Reihen jedes Wort der Darsteller unten auf der Bühne deutlich zu verstehen ist.

Schon gewusst?

Bei der Größe der Theater waren in den oberen Reihen die Gesichter der Schauspieler kaum zu erkennen. Die Schauspieler trugen deshalb Masken, die den jeweiligen Charakter und dessen Stimmung repräsentierten. In Tragödien waren die Kostüme eher dunkel und streng.

ANTIKES ROM

Im 1. Jahrhundert n. Chr. erstreckte sich das Römische Reich von Spanien bis zum Nahen Osten, im Norden bis an die Grenze Schottlands und im Süden bis nach Afrika. Aus den Ruinen und Funden in den Städten Pompeji und Herculaneum, die beim Ausbruch des Vesuv 79 n. Chr. verschüttet wurden, haben wir viel über das Leben im Römischen Reich erfahren. Weitere Erkenntnisse lieferten die Überreste von Villen, Kastellen, Bädern und anderen römischen Bauwerken.

Die Anfänge Roms

Vor rund 3000 Jahren begannen im heutigen Italien einige kleine, auf Hügeln über dem Tiber gelegene Dörfer zu wachsen und sich zusammenzuschließen. Aus ihnen entwickelte sich eine große, von Mauern geschützte Stadt mit bedeutenden Bauten. Diese Stadt, Rom genannt, wurde zur Hauptstadt des Römischen Reichs.

Herrschaft in Rom

Rom wurde zunächst von Königen regiert, die eine Versammlung geachteter, älterer Männer, Senatoren genannt, wählte. Einige dieser Könige entstammten dem mächtigen Nachbarvolk der Etrusker. Die etruskischen Könige waren wenig beliebt. Vor allem der letzte König, Tarquinius, war verhasst, weil er ohne den Rat der Senatoren allein herrschen wollte. 510 v. Chr. vertrieben ihn die Römer aus der Stadt. Danach übernahmen die Senatoren die Macht, und Rom wurde zu einer von gewählten Herrschern geführten Republik.

Hannibal

Rom wurde immer mächtiger, doch Karthago in Nordafrika entwickelte sich zu einer Bedrohung. 219 v. Chr. setzte Hannibal, ein Feldherr aus Karthago, mit seinen Truppen nach Spanien über. Im Jahr darauf marschierte seine Armee mit 37 Kriegselefanten durch Frankreich über die Alpen nach Italien. Hannibal gewann viele Schlachten, erlitt aber eine entscheidende Niederlage, nachdem die Römer Karthago direkt angriffen.

146 v. Chr. brannten die Römer Karthago nieder und wurden zur stärksten Macht im Mittelmeerraum. Auch die römischen Feldherren waren mächtig. Sie brachten Reichtümer mit nach Rom, aber auch ihre Soldaten, um dort Machtkämpfe auszutragen.

Ein römischer Mythos

Einige Römer glaubten, ihre Stadt sei von den Zwillingen Romulus und Remus gegründet worden, die als Babys von einer Wölfin aufgezogen wurden. Dieses Statue zeigt Romulus und Remus, die von einer Wölfin gesäugt werden.

Der erste Kaiser

Als Rom immer mächtiger wurde, kämpften die Feldherren untereinander um die Herrschaft. Der Bürgerkrieg verursachte große Schäden und forderte viele Tote, bis Augustus Rom und den Römern wieder Frieden brachte.

Julius Cäsar

Einer der mächtigsten römischen Feldherren war Julius Cäsar (ca. 100–44 v. Chr.), der Gallien (heute Frankreich) erobert hatte. Nach und nach besiegte Cäsar die anderen Feldherren und gewann immer mehr Einfluss, bis er schließlich Rom und das wachsende Reich beherrschte. Dies missfiel einigen Senatoren, für die sich Julius Cäsar ähnlich wie die verhassten, früheren Könige verhielt. Eine Gruppe von Senatoren tötete ihn 44 v. Chr.

Interessantes

- Zunächst wurde das Amt des Kaisers innerhalb von Familien vererbt. Das änderte sich, als Kaiser Nerva Trajan als seinen Sohn adoptierte, damit dieser 98 n. Chr. sein Nachfolger werden konnte.
- Kaiser zu sein war gefährlich: Die drei auf Augustus folgenden Kaiser wurden alle ermordet.

Dieses Bild aus dem Jahr 1899 zeigt den gallischen Fürsten Vercingetorix, als er sich 52 v. Chr. Julius Cäsar ergibt.

Augustus

Nach dem Tod Julius Cäsars brach erneut ein Bürgerkrieg aus. Doch Octavian, Cäsars Adoptivsohn, ging als Sieger aus diesem Krieg hervor. 27 v. Chr. nahm Octavian den Namen Augustus an und regierte, von der Armee unterstützt, 41 Jahre das Römische Reich. Die Historiker bezeichnen ihn als „den ersten römischen Kaiser", doch er selbst benutzte den Titel „Kaiser" nicht. Nach Augustus wurde Rom 400 Jahre lang von Kaisern regiert. Viele herrschten nicht so klug wie Augustus.

Schon gewusst?

Nach dem Tod von Augustus wurde sein Stiefsohn Tiberius Kaiser. Aus Angst vor Anschlägen zog er sich auf die Insel Capri zurück. Unwillkommene Besucher ließ er von den Klippen stürzen.

Nero

Kaiser Nero (regierte 54–68 n. Chr.) ließ viele Menschen umbringen, darunter auch seine Mutter und seine Frau. Er hielt sich für einen großen Musiker und gab endlos lange Konzerte, in denen das Publikum bis zum Ende ausharren musste. Manche täuschten vor zu sterben, um hinausgetragen zu werden. 64 n. Chr. zerstörte ein schreckliches Feuer große Teile Roms. Viele glaubten, Nero habe es entfacht, um sich eine neue Stadt aufbauen zu können.

Das Römische Reich

Mit einer Ausdehnung über Tausende von Kilometern entwickelte sich das Römische Reich zu einem der größten Imperien, die je auf der Welt existiert haben.

Andere Länder

Durch den Sieg über Karthago 146 v. Chr. gerieten große Teile Nordafrikas unter die Kontrolle Roms, das im Osten noch weitere Siege errang. Julius Cäsar eroberte Gallien (Frankreich) und Augustus Ägypten. Cäsar drang 55 v. Chr. in Britannien ein, zog sich nach diesem Angriff aber wieder zurück. Unter Kaiser Claudius kehrte die römische Armee 43 n. Chr. auf die Insel zurück und unterwarf die britischen Stämme.

Römischer Stil

Überall im Reich kopierte man Mode und Lebensstil der Römer. Dieses Mosaik im römischen Stil findet man in einer Synagoge in Tunesien.

Trajanssäule

Zu Ehren der Siege Kaiser Trajans wurde in Rom 113 n. Chr. die Trajanssäule errichtet.

Das römische Amphitheater in El-Djem in Tunesien, Nordafrika

Kaiser Trajan

Kaiser Trajan (98–117 n. Chr.) war ein großer Feldherr, der das römische Heer in vielen Feldzügen oft bis in entfernte Gebiete des Reichs führte. Er eroberte Dacia (heute Rumänien) und mit Armenien, Assyrien und Mesopotamien riesige Gebiete im Osten.

Ein riesiges Reich

Im 1. Jahrhundert n. Chr. beherrschte Rom ein gewaltiges Gebiet mit über 50 Millionen Einwohnern. Ein derart riesiges Reich war schwer zu kontrollieren, und es kam häufig zu Aufständen der lokalen Bevölkerung gegen die römischen Statthalter.

Trajans Reich

Unter Trajan erstreckte sich das Imperium vom südlichen Schottland bis in die Wüsten Nordafrikas sowie von der Atlantikküste in Spanien und Portugal bis in den heutigen Iran.

Hadrianswall

Kaiser Hadrian ließ an vielen Stellen Befestigungsanlagen zur Verteidigung des Römischen Reichs gegen feindliche Stämme jenseits der Grenzen errichten.

Kaiser Hadrian

Nach dem Tod von Trajan wurde Hadrian 117 n. Chr. Kaiser. Er gab einige der von Trajan eroberten Gebiete wieder auf, weil sie zu weit entfernt und schwer zu kontrollieren waren. An den neuen Grenzen baute er Befestigungen.

In Germanien ergänzte er den Limes mit Palisaden und Kastellen. In Britannia (Großbritannien) markierte er die nördliche Grenze des Römischen Reichs mit einem gewaltigen, mehr als 5 m hohen Steinwall.

Hadrianswall

Dieser heute nach Hadrian benannte Wall zog sich quer durch Großbritannien. Von Küste zu Küste war er rund 113 km lang. Im Landesinneren verläuft er über steile Hügel, was den Wall noch höher erscheinen lässt.

Interessantes

- Viele der Wachsoldaten am Hadrianswall waren keine Römer. Einige kamen aus Germanien, manche Einheiten sogar aus Syrien.
- Ursprünglich war der frisch gebaute Hadrianswall weiß getüncht – vielleicht, um ihn noch eindrucksvoller wirken zu lassen.

Römische Latrinen

Im Kastell Housesteads sind römische Latrinen (Toiletten) erhalten. Die Sitze befanden sich über den Wasserrinnen entlang der Mauern. Anstatt Toilettenpapier benutzten die Römer Wasser.

Kastelle am Wall

Direkt hinter dem Wall verlief ein breiter, flacher Graben. In bestimmten Abständen sicherten Kastelle wie das in Housesteads den Wall. Weitere Festungen lagen etwas hinter dem Wall. Gut ausgebaute Straßen verbanden die Anlage mit dem Hauptquartier in York.

Kastell Vindolanda

Im Kastell Vindolanda gibt es einen rekonstruierten Wachturm, der einen Eindruck des ursprünglichen Baus vermittelt.

Die Stadt Rom

Rom war die Hauptstadt eines riesigen Reichs. Im 1. Jahrhundert v. Chr. lebten dort rund eine Million Menschen.

Prächtige Bauwerke

Das Forum war der Mittelpunkt Roms. Dieser von wichtigen Gebäuden umgebene offene Platz wurde für Versammlungen und Märkte genutzt. Dort standen Tempel, Gerichtsgebäude und die sogenannte Curia, wo der Senat zusammentrat. In der Nähe lagen das Kolosseum und Theater. Wie die meisten Kaiser errichtete Kaiser Augustus prächtige Monumente – Tempel, Triumphbögen und Theater –, um seinen Nachruhm zu sichern.

Interessantes

- Viele reiche Römer verließen im Sommer die Stadt, wenn durch die Hitze die Seuchengefahr am größten war. Sie zogen dann in ihre Landhäuser.
- Bei Nacht war es in Rom sehr gefährlich. Es gab keine Straßenbeleuchtung. Raubüberfälle, Einbrüche und auch Mord waren alltäglich.

Diesen Triumphbogen beim Kolosseum ließ Kaiser Konstantin 315 n. Chr. erbauen.

Stadtleben

Die Häuser der Reichen waren luxuriös, doch die meisten Menschen lebten viel bescheidener. Viele hatten Wohnungen in schlecht gebauten Mietshäusern. Nur die besseren Häuser besaßen einen Kanalanschluss; in den ärmeren Vierteln brachen deshalb immer wieder Seuchen aus. Ohne eine organisierte Müllentsorgung muss es in der Stadt schlecht gerochen haben, gerade im Sommer.

Trajans Rom

Dieser Marktplatz wurde von Kaiser Trajan erbaut, der 98–117 n. Chr. regierte. Der Platz wurde von Geschäften und Dienststuben gerahmt.

Der große Brand Roms

Die einfachen römischen Häuser waren meist mit viel Holz gebaut. Offene Kohlebecken dienten als Heizung, Öllampen zur Beleuchtung. Die Brandgefahr war groß. Kaiser Augustus gründete die sogenannten *vigiles* als Feuerwächter. Allerdings hatten sie nur Eimer und kleine Handpumpen zur Brandbekämpfung. 64 n. Chr. zerstörte ein großer Brand zwei Drittel der Stadt.

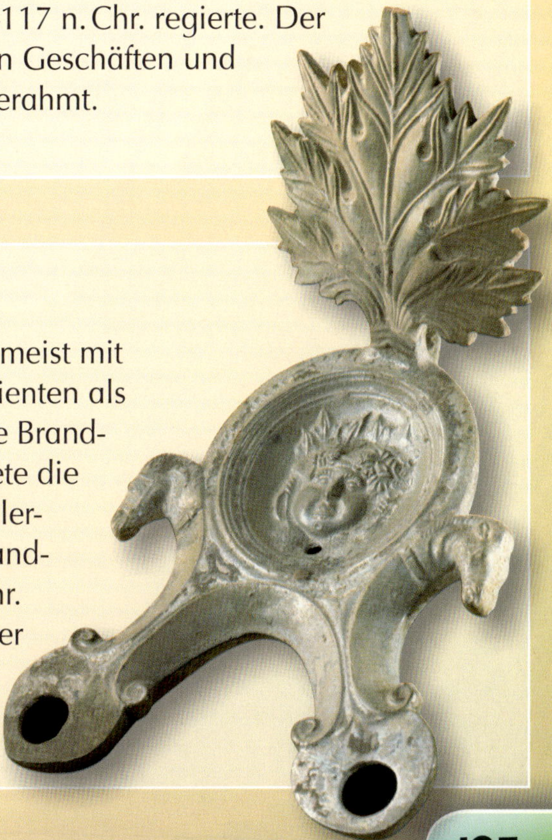

Römische Öllampe

Ausbruch des Vesuv

Am 24. August 79 n. Chr. brach der Vulkan Vesuv aus und begrub die benachbarten römischen Städte Pompeji und Herculaneum unter einer Schicht heißer Asche.

Interessantes

- Mehr als 1000 Jahre nach dem Ausbruch des Vulkans begann man in dem Gebiet zu graben.
- Man entdeckte erstaunliche Details über das Leben in römischer Zeit.
- Nach dem Absetzen der Asche hatte sich die gesamte Landschaft verändert. Die Städte waren verschwunden, und die Küstenlinie hatte sich verändert.

Die Aschewolke

Die Städte Pompeji und Herculaneum liegen südlich von Rom am Golf von Neapel. Einige Jahre vor der Eruption hatte es in der Gegend ein schwereres Erdbeben gegeben. Trotz einiger kleinerer Beben vor dem 24. August ging das Leben unverändert weiter. Dann brach der Vesuv aus.

Etwa um Mittag sprengte der Ausbruch die gesamte Bergspitze weg, und riesige Wolken aus Asche und Bimsstein wurden mehrere Kilometer hoch in den Himmel geschleudert. Die Serie schwerer Explosionen dauerte rund 20 Stunden. Einige Menschen konnten entkommen, doch als ein Ascheregen auf die beiden Städte niederging, gab es kam noch Chancen zur Flucht.

Die Stadt Pompeji mit dem Vesuv im Hintergrund

Schon gewusst?
Der Schriftsteller Plinius der Jüngere erlebte die Eruption und beschrieb eine riesige pinienförmige Rauchwolke, die in den Himmel stieg. Seine Beobachtungen sind so präzise und detailliert, dass man bis heute bestimmte Arten von Vulkanausbrüchen als plinianische Eruptionen bezeichnet.

Vergessene Städte

Nach der Eruption war Pompeji unter einer rund 5 m dicken Ascheschicht begraben, aus der nur die höchsten Dachgiebel herausragten. Wer flüchten konnte, ließ sich meist in Neapel nieder. Irgendwann geriet Pompeji, wie auch Herculaneum, in Vergessenheit.

Bewegende Zeugnisse

Die verschütteten Menschen wurden von Asche und Bimsstein eingehüllt. In dieser sich verhärtenden Schicht hinterließen die Leichen nach der Verwesung Hohlräume. Bei den Ausgrabungen füllte man diese Hohlräume mit Gips aus und erhielt so einen perfekten Abguss der Personen.

Das Leben in Pompeji und Herculaneum

Diese vergessenen Städte wurden im 18. Jahrhundert wiederentdeckt. Die Asche- und Bimsschicht hatte sie perfekt konserviert, sodass sie einen guten Einblick in das Leben zur römischen Zeit erlauben.

Ein Plan Pompejis

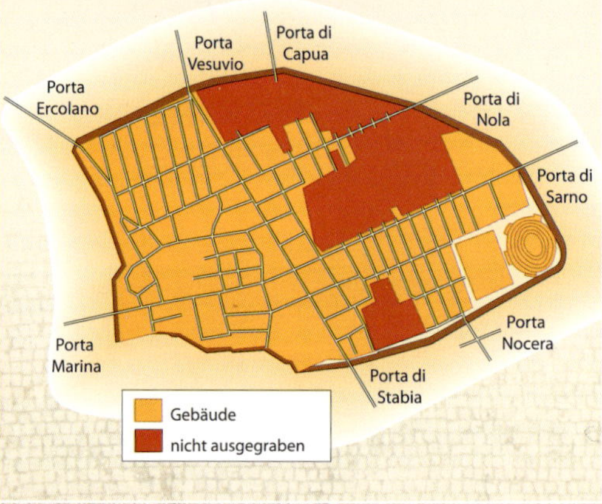

Häuser und Gärten

Einige Häuser in Pompeji und Herculaneum waren sehr groß und wunderschön mit Wandgemälden und Mosaiken dekoriert. Viele hatten Gärten, in denen Kräuter, Weinstöcke, Obstbäume und Gemüse, aber auch Zierpflanzen wie Oleander und Myrte kultiviert wurden.

Ein Mosaik aus Pompeji zeigt Gaukler, die auf der Straße auftreten.

Geschäfte und Tavernen

Neben Läden, die Speisen und Getränke verkauften, gab es in Pompeji auch viele Tavernen. Hier sieht man einen Backofen und einen Mühlstein. Das Mehl wurde aus Weizen mit schweren Mühlsteinen gemahlen, die von Eseln angetrieben wurden. Archäologen entdeckten auch das Haus eines Arztes.

Interessantes

- **Zum Zeitpunkt der Eruption hatte Pompeji rund 20 000 Einwohner. Herculaneum war mit einer Einwohnerzahl von etwa 4000 Personen deutlich kleiner.**
- **Der Vesuv ist bis heute aktiv. Der Vulkan brach 1944 das letzte Mal aus, doch die Eruption war nicht so schwer wie in römischer Zeit.**

Schon gewusst?

Man weiß sogar, was die Menschen in Pompeji damals aßen, denn man fand Reste von Speisen. Es gab runde Brotlaibe, die denen von heute gleichen. Außerdem entdeckte man Kerne von Granatäpfeln, Feigen, Trauben und Kirschen.

Dekoration

Die Mysterienvilla ist innen üppig mit prächtigen Wandgemälden dekoriert. Sie gibt uns einen Eindruck, wie die Häuser reicher Römer ausgesehen haben.

Bau- und Ingenieurtechnik

Die Römer hinterließen im ganzen Reich ihre Spuren. Wo sie sich ansiedelten, bauten sie Straßen, Brücken, Kastelle, Bäder, Wasserleitungen und Abwasserkanäle.

Schon gewusst?
Die Wasserversorgung römischer Städte war gut. Aquädukte und Wasserleitungen speisten öffentliche Brunnen.

Bautechnik

Die römischen Baumeister verwendeten Steine und gebrannte Ziegel. Und sie erfanden den Beton: eine Mischung aus Puzzolan (vulkanischer Tuff), Wasser und Schutt. Der Beton war fest, einfach im Gebrauch, dauerhaft und relativ leicht. Man füllte damit den Hohlraum zwischen zwei Mauern, was stabile, hohe Bauten ermöglichte.

Der mächtige Pont du Gard, ein Aquädukt in Gallien (heute Frankreich), versorgte die Stadt Nîmes mit Wasser.

Eine riesige Kuppel

Römische Architekten und Baumeister erfanden die Kuppel. Diese großartige Kuppel krönt bis heute das Pantheon in Rom. Der einstige Tempel – heute eine christliche Kirche – zieht Besucher aus aller Welt an.

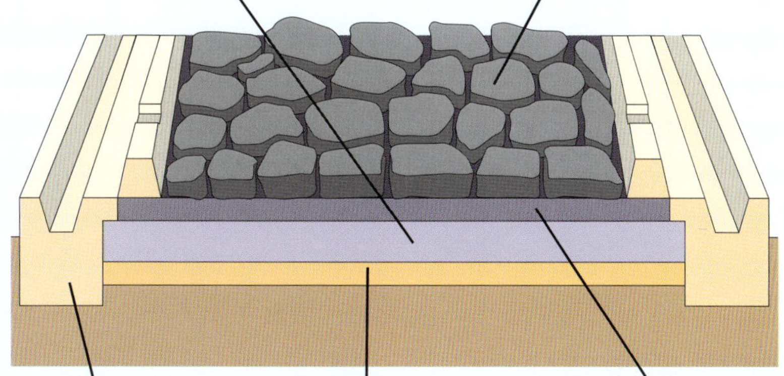

Interessantes

- Soldaten erbauten viele der Straßen, die das Reich durchzogen. Sie bauten auch Kanäle, Brücken und öffentliche Gebäude.
- Die Cloaca Maxima in Rom war der größte Abwasserkanal der Welt. Man konnte ihn sogar mit einem Boot befahren.

Heizung

Manche öffentlichen Gebäude und größere Häuser wie diese Villa in Chedworth besaßen eine Fußbodenheizung. Sie war besonders in den Badehäusern wichtig. Aus einem von Sklaven beheizten Ofen im Kellergeschoss strömte Heißluft durch Hohlräume unter dem Boden. Badegäste mussten Holzsandalen tragen, denn manchmal wurde der Fußboden sehr heiß.

Das römische Heer

Ohne das gewaltige römische Heer hätte das Imperium nie erobert oder kontrolliert werden können. Es war das erste Berufsheer und wurde von Roms Feinden gefürchtet.

Erste Berufssoldaten

Anfangs bestand das römische Heer aus Wehrpflichtigen, in Kriegszeiten einberufenen Männern. Als Rom an Macht und Einfluss gewann, brauchte man professionelle Soldaten, die permanent die Grenzen vor Eindringlingen schützten. Diese Söldner waren speziell ausgebildet und dienten die meiste Zeit ihres Lebens in der Armee.

Maultiere des Marius

Bis 107 v. Chr. durften nur Landbesitzer im römischen Heer dienen. Feldherr Gaius Marius wollte die Armee vergrößern und öffnete sie für ärmere Männer. Die Soldaten wurden ordentlich entlohnt und waren gut ausgebildet. Waffen und Ausrüstung mussten sie selbst transportieren, weshalb sie sich als „Maultiere des Marius" bezeichneten.

Interessantes

- Die Armee war so mächtig, dass sich die Kaiser immer bemühten, die Loyalität der Soldaten sicherzustellen, oft durch besondere Zusatzleistungen.
- Im 2. Jahrhundert n. Chr. dienten rund 150 000 Soldaten im römischen Heer.

Kaiser Trajan war in seiner Amtszeit vor allem ein großer Heerführer.

Dieses Relief zeigt einen Soldaten mit dem Kurzschwert, der wichtigsten Waffe.

Römische Legionen

Das Heer war in Legionen untergliedert, wobei eine Legion aus etwa 5000–6000 Fußsoldaten bestand. Diese unterteilte sich in Kohorten mit 480 Mann. Sechs Zenturien mit je 80 Soldaten umfasste jede Kohorte, die von einem Centurio geführt wurde.

Spezialeinheiten

Es gab viele nichtrömische Truppenteile, die sogenannten Hilfstruppen. Diese ausländischen Auxiliartruppen, etwa die berittenen Bogenschützen aus dem syrischen Palmyra, verfügten über Fähigkeiten, die den Römern fehlten. Oft erhielten sie nach Ableistung der 26 Jahre Dienstzeit fern der Heimat das römische Bürgerrecht.

Schon gewusst?
Die Prätorianergarde war eine von Kaiser Augustus gegründete Eliteeinheit, die als Leibgarde den Kaiser schützen sollte.

Diese Männer tragen eine Ausrüstung, wie römische Soldaten sie anlegten.

Soldatenleben

Römische Soldaten mussten zäh sein, denn das Leben in der Armee war hart. Sie waren jahrelang von zu Hause weg und riskierten ihr Leben. Doch das Soldatenleben bestand nicht nur aus Kampf.

Interessantes

- Bei ihrem Abschied aus der Armee erhielten die Soldaten ein Stück Land oder einen größeren Geldbetrag. Viele Veteranen ließen sich an ihrem Dienstort als Ladenbesitzer oder Bauern nieder.
- Viele der heutigen Straßen in Europa folgen den Trassen, die von römischen Soldaten gebaut wurden.

Die Festung Old Sarum in England

Waffen und Rüstung

Alle Soldaten trugen einen Körperschutz und einen Helm. Den Offiziershelm zierte ein Helmbusch. Die Rüstung bestand gewöhnlich aus Metallplatten, die an Lederriemen befestigt waren und sich überlappten. Der Soldat war mit einem Speer, Kurzschwert, Dolch und einem großen rechteckigen Schild bewaffnet. Im Gefecht bildeten mehrere Männer eine quadratische, durch die Schilde oben und seitlich geschützte Formation. Diese sogenannte Schildkröte schützte vor Pfeilen und Speeren.

Auf dem Marsch

Das Marschtempo der Legionen war sehr hoch. Oft trafen sie schneller am Ziel ein, als der Feind erwartet hatte, und waren so im Vorteil. Auf guten Straßen, wie der links abgebildeten, legten sie am Tag bei gleichmäßigem Schritt rund 30 km zurück. Sie bauten provisorische Brücken zum Überqueren von Flüssen und errichteten jeden Abend ein befestigtes Lager.

Schon gewusst?

Außer den Waffen schleppten die Soldaten auch ihre Ausrüstung, die neben einigen persönlichen Dingen Topf, Teller, Werkzeug, Feldflasche, Umhang und Spaten umfasste. Für den Marsch war gutes Schuhwerk wichtig: Die römischen Soldaten trugen feste Sandalen mit genagelten Sohlen.

Leben in einem römischen Kastell

Viele Soldaten waren als Grenzschützer in permanenten Lagern stationiert. Die Soldaten durften nicht heiraten, hatten aber Freundinnen und Kinder. Oft entstanden so Familienansiedlungen direkt beim Kastell. Ein Trompetensignal weckte die Soldaten am Morgen. Das Training war hart. Man übte Speerwerfen und Kampftechniken, dazu kam Sport zur körperlichen Ertüchtigung. Außerdem wurden viele Soldaten zu Ingenieuren und Baumeistern ausgebildet.

Reisen und Handel

Das wachsende Reich machte schnelles Reisen erforderlich: Soldaten mussten rasch in entfernte Provinzen verlegt oder Befehle des Kaisers übermittelt werden; auch der Handel brauchte Transportwege.

Verkehrswege im Reich

Viele Straßen wurden von Soldaten gebaut, um schnell zu ihrem Bestimmungsort zu kommen. Auch andere nutzten sie: zu Fuß, auf Pferden oder mit Wagen, die von Eseln oder Maultieren gezogen wurden. Große Holzwagen transportierten schwere Lasten, schnelle und leichte zweirädrige Kutschen beförderten Personen.

Handel

Ohne Handel hätte Rom weder seine Größe erreichen noch seine Bevölkerung ernähren können. Alles wurde gehandelt: wertvolle Rohstoffe wie Bernstein, Metall und Holz, Stoffe, Nahrungs- und Genussmittel wie Öl, Fisch, Getreide und Wein. Aus China kam über die Seidenstraße sogar Seide.

Interessantes

- **Fast überall im Reich benutzte man die gleichen Münzen, was den Handel sehr vereinfachte.**
- **Man hat verschiedene Wracks römischer Schiffe entdeckt und kennt so ihre Ladung. Ein Schiff sollte schwere Steinsärge nach Italien bringen.**

Eine römische Straße in Zentralspanien

Der Hafen von Ostia

Häufig transportierte man Güter per Schiff, auch wenn Schiffsreisen gefährlich waren. Auch auf Binnengewässern fuhren Boote. Sie waren besonders wichtig für den Transport der Ladung auf dem Tiber, der Rom mit dem Meer bei Ostia verband. In Ostia entstand ein großer künstlicher Hafen, um die Schiffe sicher entladen zu können. Gewaltige Mengen an Nahrungsmitteln wurden dort angeliefert. Um die Bevölkerung Roms zu versorgen, waren 1000 Schiffsladungen Getreide pro Jahr nötig. Sie wurden übers Meer nach Ostia und dann den Tiber hinauf nach Rom gebracht.

Schon gewusst?

Eine besonders gefährliche Ladung müssen die wilden Tiere gewesen sein, die man aus Afrika und Asien für die öffentlichen Spiele herbeischaffte. Darunter waren Löwen, Leoparden, Elefanten und Nashörner, aber auch Antilopen.

Riesige Lagerhäuser

In Ostia wurde ein Großteil der Fracht in großen Lagerhäusern aufbewahrt. Eines der Depots hatte 140 Räume. Zum Schutz vor Einbrechern hatten die Lagerhäuser dicke Wände und winzige Fenster.

Versunkene Fracht

Dieser Taucher hält eine Amphore, ein römisches Tongefäß zum Transport von Öl oder Wein. Sie wurde am Grund des Mittelmeers gefunden.

Religion und Tempel

Die Römer selbst verehrten viele verschiedene Götter. Dazu kamen überall im Reich weitere, lokale Gottheiten, die ebenfalls von Bedeutung waren.

Die Götter Roms

Von jedem im Reich wurde erwartet, dass er die Götter Roms respektierte und ehrte. Solange man dies tat, konnte man auch seinen lokalen Göttern und Göttinnen huldigen. Juden und Christen wurden verfolgt, weil sie nur an einen Gott glaubten und die Anbetung der römischen Götter verweigerten.

Tempel

Dieser Tempel in Nîmes (Frankreich) gehört zu den besterhaltenen römischen Sakralbauten. Man sah die Tempel als Häuser der Götter. Die meisten Zeremonien fanden jedoch davor statt, wo die Menschen daran teilhaben konnten. Manchmal zeigte man die Statuen der Götter und Göttinnen, die normalerweise im Tempel blieben, bei Prozessionen in den Straßen.

Tempel des Jupiter, der obersten römischen Gottheit, in Tunis (Nordafrika)

Schon gewusst?

Es gab viele römische Feste, doch die Saturnalien waren etwas Besonderes. Man feierte sie zwischen dem 17. und 23. Dezember mit viel Wein und üppigen Festessen.

Interessantes

- Der Kaiser war auch der oberste Priester in Rom. Er trug den Titel Pontifex maximus.
- Aberglaube war weit verbreitet, und es gab Tage, die als Glücks- bzw. Unglückstage galten. Man schützte sich mit Amuletten vor Unheil, und die meisten glaubten an die Macht von Flüchen.

Kaiser

Augustus wurde kurz nach seinem Tod zum Gott erklärt. Später stiegen viele Kaiser zu Göttern auf, zu deren Ehren man nach ihrem Tod Tempel errichtete. Die Verehrung eines toten Kaisers bezeugte den Respekt vor Rom und galt als patriotisch.

Alltagsgötter und Opfer

In römischen Häusern gab es Altäre für die Schutzgötter des Hauses, die Laren und Penaten. Zu diesen Göttern beteten die Römer und brachten ihnen kleine Opfer in Form von Wein oder Speisen dar. Wichtigere Götter erwarteten größere Opfergaben wie etwa Tiere, wenn sie den Menschen Schutz oder Glück gewähren sollten.

Ein Hausaltar aus Pompeji

Götter und Göttinnen

Viele der wichtigsten römischen Götter glichen den griechischen Gottheiten. Die Römer übernahmen die von den Griechen geschaffenen Mythen und gaben ihren Göttern römische Namen. Daneben verehrten die Römer auch Götter anderer Länder wie die ägyptische Göttin Isis.

Ein Mosaikbild der Minerva aus dem Jahr 1880

Jupiter

Jupiter war, wie der griechische Zeus, der Herr der Götter. Er beherrschte den Himmel, warnte und bestrafte die Menschen.

Juno

Juno entsprach der griechischen Göttin Hera. Sie war die Gemahlin von Jupiter und Beschützerin der Frauen.

Minerva

Minerva wurde von Soldaten und vielen anderen angebetet. Ihr griechisches Äquivalent war die Göttin Athene.

Mars

Mars war als Kriegsgott in Rom besonders wichtig. Feldherren brachten ihm Opfer dar, wenn sie in den Krieg zogen oder von dort zurückkehrten.

Saturn

Saturn war der Gott der Aussaat und der Fruchtbarkeit. Sein Fest, die Saturnalien, bot die Möglichkeit, sich zu vergnügen und ausgelassen zu schlemmen.

Vesta

Vesta, die Göttin des Herdfeuers, hatte in Rom einen Tempel mit sechs Priesterinnen. Diese Vestalinnen dienten ihr 30 Jahre und durften nicht heiraten. Brach eine ihr Gelübde, brachte das Rom in Gefahr, und sie wurde zur Strafe lebendig begraben.

Schon gewusst?

Einige Monate verdanken ihren Namen römischen Göttern und Göttinnen. Der Januar geht auf Janus zurück, den Gott des Neubeginns. Der März bezieht sich auf den Kriegsgott Mars und der Juni auf die oberste Göttin Juno. Der Juli ist nach Julius Cäsar benannt und der August nach Kaiser Augustus.

Kybele

Kybele, die „Große Mutter“, war ursprünglich eine Göttin aus Kleinasien (der heutigen Türkei). Zu den Zeremonien in ihren Tempeln gehörten auch von speziellen Priestern ausgeführte Rituale.

Eine Statue des Mithras

Mithras

Mithras wurde von Männern, speziell Soldaten und Veteranen, in mysteriösen Zeremonien verehrt. Sie waren so geheim, dass niemand Genaues darüber weiß. Mithras war ein persischer Gott, doch sein Kult verbreitete sich im ganzen Reich.

Venus

Venus war die Göttin der Schönheit und Liebe, wie Aphrodite in Griechenland. Sie war sehr populär und besaß viele Altäre, an denen man Opfergaben ablegen konnte.

Isis

Isis, eine ägyptische Göttin, wurde in der gesamten römischen Welt verehrt, speziell aber an den großen Handelspunkten.

Ein Mosaik der Göttin Venus

Die Menschen im Römischen Reich

In der römischen Gesellschaft gab es Reiche und Arme, doch es war möglich aufzusteigen. Sklaven konnten ihre Freiheit gewinnen, und viele bedeutende Bürger hatten Sklaven als Vorfahren.

Bürger

Man unterschied zwischen römischen Bürgern und Nichtbürgern. Bürger genossen mehr Rechte, mussten dafür aber auch Dienste für den Staat leisten. Anfangs galt als Bürger nur, wer tatsächlich in Rom geboren war. Später erhielten auch andere den Bürgerstatus, etwa durch langen Militärdienst.

Interessantes

- Im 1. Jahrhundert n. Chr. war rund ein Drittel der Bewohner Italiens Sklaven. In Rom war etwa die Hälfte der Einwohner Sklaven oder Freigelassene.
- Viele Sklaven waren Kelten aus Britannien oder Gallien. Ein gallischer Häuptling soll Menschen gegen Wein eingetauscht haben.

Das Gemälde aus Pompeji zeigt ein junges Paar. Die Frau hält eine Schreibtafel, was sie als gebildet und wohlhabend ausweist.

Sklaven

Sklaven wie diese Dienerin einer noblen Dame hatten keine Rechte und konnten ge- und verkauft werden. Sie führten den Haushalt, bestellten das Land und arbeiteten in den Betrieben ihrer Herren. Einige, häufig gebildete Griechen, waren Sekretäre und Berater, manche arbeiteten sogar für den Kaiser. Sklaven konnten Freigelassene werden. Oft schenkte ein Herr nach seinem Tod seinen Sklaven die Freiheit. Einige Sklaven konnten sich mit ihrem Ersparten freikaufen.

Schon gewusst?
Die Senatoren standen an der Spitze der römischen Gesellschaft. Sie trugen eine besondere Toga und hatten im Amphitheater die besten Plätze.

Patrizier und Plebejer

Bürger aus den Adelsfamilien hießen Patrizier, die anderen Bürger aus dem einfachen Volk (Plebs) nannte man Plebejer. Viele Plebejer waren arm, andere hatten ein Geschäft oder waren Handwerker wie dieser Bäcker (rechts). Zum Ritterstand der sogenannten Equites gehörten reiche Geschäftsleute und Grundbesitzer, die, anders als Senatoren, Handel treiben durften. Die Plebejer konnten den Patriziern schließlich einige Macht abtrotzen und auch Senatoren stellen.

Familienleben

Die Väter bestimmten in der Familie, doch die Mütter führten den Haushalt, oft mithilfe von Dienern oder Sklaven.

Väter

Männer hatten absolute Macht über ihre Frauen, Kinder und Sklaven. Doch sie konnten natürlich auch liebevolle Väter sein, wie manche Hinweise belegen. Der Besitz des Vaters wurde nach seinem Tod zu gleichen Teilen auf seine Kinder übertragen.

Mütter

Von Frauen erwartete man, dass sie gute, fügsame Gattinnen und Mütter waren. Ihre einzige Aufgabe bestand in der Haushaltsführung – in der Öffentlichkeit spielten sie keine Rolle. Reiche Frauen übten diskret sehr wohl Einfluss aus. Witwen, speziell die begüterten, genossen mehr Unabhängigkeit. Ärmere Frauen mussten arbeiten, betrieben Geschäfte oder waren oft Sklavinnen.

Ein Wandgemälde aus Pompeji zeigt eine Mutter mit ihrem Sohn.

Interessantes

- Die Kindersterblichkeit war hoch. Krankheiten, die heute gut zu behandeln sind, verliefen damals tödlich. Die Lebensbedingungen, gerade der Armen, waren oft sehr hart.
- Viele Häuser hatten Wachhunde. Einige Hunde trugen Erkennungsmarken für den Fall, dass sie verloren gingen.

Kopie eines römischen Spielzeugpferds auf Rädern

Spielzeuge

Man fand viele römische Spielzeuge. Die Kinder spielten mit Holzschwertern, Puppen und kleinen Wagen. Sehr beliebt war das Murmelspiel.

Schon gewusst?

In der Frühzeit konnten Väter ihre Kinder dadurch bestrafen, dass sie sie als Sklaven verkauften. Später wurde dies durch Gesetze unterbunden.

Schule

Nur Jungen aus reichen Familien gingen zur Schule. Der Unterricht in Lesen, Schreiben und Rechnen begann früh am Morgen und endete gegen Mittag. Auswendiglernen und strenge Disziplin waren wichtig. Mädchen bekamen nur eine Grundausbildung, sie sollten lernen, wie man einen Haushalt führt. Die Kinder der Armen mussten, sobald sie konnten, arbeiten.

Ein Relief mit einer Schulszene

Römische Häuser

Reiche Römer hatten meist Häuser in der Stadt und auf dem Land. Einige römische Häuser waren fast so groß wie Paläste. Die ärmeren Leute lebten viel bescheidener, oft in schlichten Mietshäusern.

Interessantes

- **Nur die ganz Reichen verfügten über fließendes Wasser und Bäder. Die meisten Römer benutzten öffentliche Bäder und Toiletten.**

Edle Häuser

Die adligen Familien besaßen luxuriöse Häuser mit einem offenen Innenhof, dem Atrium, als Mittelpunkt. Alle Räume öffneten sich zum Atrium hin. Große Häuser hatten zusätzlich einen Garten. Die Wände waren mit kräftigen Farben bemalt, die Böden mit Mosaiken geschmückt. Die Landhäuser, Villen genannt, waren oft noch großzügiger als die Stadthäuser.

Ein römisches Haus

Die römischen Häuser waren meist sehr ähnlich aufgebaut. An der Vorderfront befanden sich oft kleine Läden.

- **Eingangshalle**
- **Läden**
- **Regenwasserbecken**
- **Atrium**
- **Kleine Zimmer**
- **Esszimmer**
- **Küche**
- **Schattiger Garten**
- **Garten**
- **Arbeitszimmer**

Mietwohnungen

Die römischen Mietshäuser (*insulae*) hatten bis zu sieben Stockwerke. Die Wohnungen in den unteren Etagen waren oft geräumig und komfortabel, doch je höher man kam, umso kleiner wurden die Wohnungen. Ganz oben lebten die Ärmsten.

Hadriansvilla

Kaiser Hadrian ließ außerhalb von Rom in Tivoli eine riesige Villa bauen, die mehr als die doppelte Fläche der Stadt Pompeji bedeckte. Das Anwesen umfasste viele große Gebäude und Gärten (rechts), daneben Wirtschaftsgebäude, Lagerhäuser und Büros. Ein System unterirdischer Gänge verband die verschiedenen Teile der Villa.

Mosaiken

Mosaikfußböden bestanden aus kleinen, verschiedenfarbigen Stein- oder Tonstückchen. Nach einem gezeichneten Entwurf drückte man die Mosaiksteinchen (*tesserae*) in feuchten Zement, um ein Bild oder Muster zu erhalten. Diese Mosaiken waren sehr strapazierfähig, und viele sind bestens erhalten.

Mosaikbild eines Wagenlenkers mit seinem Pferd

Ruinen von *insulae* im Hafen von Ostia

Lesen und Schreiben

Im Römischen Reich wurden viele Sprachen gesprochen, doch Latein, die Sprache der Römer, verstanden alle im Imperium.

Die Römer sprechen zu uns

Bis heute existieren viele schriftliche Hinterlassenschaften der Römer. Inschriften an Monumenten erklären, wann und warum sie errichtet wurden. Und es gibt Fragmente alltäglicher Briefe oder Aufzeichnungen. Zur Verwaltung des Reichs waren Berichte lebenswichtig. Einige blieben an Orten wie dem Kastell Vindolanda am Hadrianswall erhalten. Dort fanden Archäologen Tausende auf dünnen Holzbrettchen notierte Berichte. Sie vermitteln, wie Kastelle organisiert waren. Man fand auch persönliche Briefe und sogar die Einladung zu einer Geburtstagsfeier.

Briefe und Notizen

Papier gab es noch nicht, und Papyrus aus Ägypten war teuer, also schrieben die Römer meist auf Wachstafeln. Man goss heißes Wachs in einen Holzrahmen, ließ es abkühlen und konnte dann mit einem spitzen Griffel (*stilus*) aus Metall darauf schreiben. Die Frau auf diesem Bild hält Wachstafel und Stift in Händen. Nach dem Lesen konnte die Nachricht mit dem flachen Ende des Stifts gelöscht und die Tafel neu beschrieben werden. Manchmal schrieb man auch mit Rußtinte auf dünne Holzbretter oder Tierhäute.

Schon gewusst?

Die Römer schrieben Zahlen ganz anders, als wir es heute tun. Sie benutzten Buchstabensymbole: I war 1, V war 5, X war 10, L war 50, C war 100. Große Zahlen konnten recht kompliziert sein. Die Zahl 78 schrieb man so: LXXVIII. L steht für 50, XX für 20 (zweimal 10), V für 5 und III für 3.

Der römische Kalender

Julius Cäsar ordnete 45 v. Chr. an, dass jedes Jahr 365 Tage haben sollte und jedes vierte Jahr einen zusätzlichen Tag. Dieses Prinzip gilt bis heute: In sogenannten Schaltjahren hat der Februar 29 Tage. Wie die Römer teilen wir das Jahr in zwölf Monate ein.

Bücher

Im Allgemeinen waren Bücher lange, aus Tierhäuten (Pergament) gefertigte Rollen, die auf- und abgewickelt werden mussten. Doch es gab auch die ersten Bücher mit Seiten. Die Schriftrollen waren selten und teuer. Geschichten und Gedichte wurden zu Hause und an öffentlichen Orten wie den Bädern laut vorgelesen.

Aussehen

Alle Römer wollten nach Möglichkeit gut aussehen. Männer wie Frauen investierten Geld und Zeit in Kleidung, Frisuren und Make-up.

Schon gewusst?

Nur der Kaiser durfte eine Purpurtoga tragen, denn Purpur war ein sehr teurer Farbstoff. Selbst den reichsten Bürgern war nur eine weiße Toga mit Purpursaum erlaubt.

Männer

Alle Männer, die Sklaven eingeschlossen, trugen gewöhnlich eine aus zwei Stoffbahnen zusammengenähte schlichte Tunika und einen Gürtel. Reichere Bürger hatten zusätzlich einen Umhang. Die Toga war allein den Bürgern vorbehalten. Das rund 6 m lange, halbkreisförmige Tuch wurde um den Körper gewickelt und über der Schulter drapiert. Als Kleidungsstück war die Toga eher unpraktisch und wurde meist nur bei offiziellen Anlässen angelegt. Manche Männer trugen ein Lendentuch als Unterwäsche.

Dieses Mosaik zeigt Männer, die eine Toga tragen.

Wandgemälde mit einem Bürger in Toga

Schmuck

Viele Römer trugen Schmuck, von einfachen Ringen für Männer bis zu Fußkettchen für Frauen. Reiche Frauen besaßen viele Ohrringe, Hals- und Armbänder.

Ein goldener Ohrring

Frisur

Die teils sehr komplizierten Frisuren wurden von geschickten Sklaven geschaffen. Kahlheit verbarg man manchmal unter einer Perücke.

Frauen

Wie Männer benutzten auch Frauen manchmal ein Lendentuch als Unterwäsche. Einige trugen ein Brustband aus Leder oder Stoff. Darüber kam eine lange, lockere Tunika, die in der Taille von einem Gürtel gehalten wurde. Die oft bunt gefärbten Kleider konnten aus edlen Stoffen wie etwa Seide geschneidert sein. Zum Schluss wurde ein langer Schal um den Körper gewickelt und über der Schulter drapiert.

Essen und Trinken

Die meisten Menschen aßen damals einfache Speisen, wie wir sie auch kennen. Einige römische Gerichte, etwa geschmorte Flamingos, erscheinen heute aber recht ungewöhnlich.

Singvögel waren beliebte Speisen.

Essenszeiten

Die Hauptmahlzeit wurde am späten Nachmittag oder frühen Abend eingenommen. Tagsüber aß man kleine Gerichte, um den Hunger zu stillen. Warmes Essen kaufte man häufig bei Straßenhändlern, denn viele Mietwohnungen hatten wegen der Brandgefahr keine Küche.

Schon gewusst?
Viele der heute üblichen Speisen waren den Römern unbekannt. Sie kannten weder Tomaten, Kartoffeln, Schokolade, Orangen, Nudeln, Kaffee, Tee noch Zucker.

Was wurde gegessen?

Die Mahlzeiten bestanden im Wesentlichen aus Brot, Linsen, Bohnen, anderem Gemüse und Obst, dazu etwas Fleisch oder Fisch. Man benutzte reichlich Olivenöl und zum Süßen Honig. Die Römer aßen gerne kleine Vögel oder Haselmäuse mit Honig und Mohnsamen. Sehr beliebt war *garum*, eine aus Fischinnereien gewonnene Würzsoße, die 4–6 Wochen in der Sonne reifte. Sklaven bekamen nur einen einfachen Brei. An die Armen wurde Brot oder Getreide verteilt.

Weintrauben wie auf diesem Mosaik genoss man als Frucht oder machte Saft oder Wein daraus.

Und als Getränk?

Die Römer tranken mit Wasser verdünnten, manchmal mit Honig gesüßten Wein. Das Wasser holten sie an öffentlichen Brunnen. Man trank auch Milch, speziell Ziegenmilch, und Traubensaft.

Eine Karaffe aus Glas

Löffel und Schale aus Knochen, Fundstücke aus Pompeji

Eine Auswahl römischer Speisen

Gebratene Schnecken in Fenchelsoße
Schweinebraten mit Bleichsellerie
Gewürzte Meeresfrüchteböllchen
In Wein gedünstete Seeigel
Lamm mit Koriander und Zwiebelsoße
Eier mit Mandelsoße
Erbsen mit Würstchen und Kalbshirn
In Weinsud geschmorter Fisch
Honigomelette
Süßer Zimtkuchen

Ein römisches Fest

Die Hauptmahlzeit des Tages konnte Stunden dauern und zu einem Festmahl werden. Oft ging es nicht nur um das Vergnügen, sondern man diskutierte dabei über Politik.

Die Gäste treffen ein

Zu einem Bankett fanden sich die Gäste am frühen Abend ein. Am Eingang legten sie ihre Sandalen ab. Ein Zeremonienmeister kündigte sie an und wies ihnen die Plätze zu. Die Römer speisten gerne im Liegen. Drei Personen fanden auf einer der Liegen Platz, die an drei Seiten des Tischs standen. Kinder saßen auf Hockern am Ende des Speisezimmers.

Interessantes

- **Jede Liege hatte ein Kopf- und ein Fußende. Die wichtigste Person wurde immer am Kopfende platziert.**
- **Meist gab es keine individuellen Teller, sondern man aß von den Servierplatten.**

Schon gewusst?

Gefräßige Esser brachten sich manchmal selbst zum Erbrechen, um noch mehr essen zu können. Viele fanden das aber widerlich.

Zeit für das Essen

Man aß überwiegend mit den Händen. Zwischen den Gängen reichte man den Gästen Schalen mit parfümiertem Wasser zum Händewaschen. Jeder Gast hatte eine Serviette. Es gab bis zu sieben Gänge. Ein Bankett bot die Möglichkeit, seinen Reichtum zu zeigen, etwa durch sehr ausgefallene Gerichte. Ein Chronist beschreibt ein gebratenes Wildschwein, das mit lebenden Drosseln gefüllt war, die beim Aufschneiden herausflogen.

Tanz

Dieses Gemälde zeigt Sklaven, die zur Unterhaltung ihres Herrn tanzen.

Unterhaltung

Die Römer liebten es, während des Essens mit Musik und Akrobatik unterhalten zu werden. Nach dem Essen ging das Unterhaltungsprogramm oft mit Spaßmachern und Tänzerinnen weiter. Manchmal gab es sogar Trinkwettbewerbe, bei denen die Teilnehmer ihre Becher in einem Zug leeren mussten.

Musik

Die Römer spielten verschiedene Saiteninstrumente wie die auf diesem Wandbild dargestellte Lyra. Es gab auch Blasinstrumente, dazu Trommeln, Zimbeln und Kastagnetten.

Besuch im Bad

Die meisten römischen Häuser besaßen kein Bad, man ging deshalb in Badehäuser. Ein Besuch im Bad war aber mehr als nur der Vorgang der Reinigung.

Öffentliche Bäder

Jede römische Stadt oder größere Siedlung hatte ein Badehaus, sogar die Legionslager. In den Bädern konnte man baden, aber auch Freunde treffen und sich von der Tagesarbeit erholen. Man machte Brettspiele und Sportübungen. Für Frauen gab es eigene Badehäuser oder gesonderte Badezeiten am Morgen.

Interessantes

- Alle Bäder hatten die gleichen Bereiche. Es gab das *caldarium* mit warmem, das *tepidarium* mit lauwarmem und das *frigidarium* mit kaltem Wasser.
- Thermen boten bis zu 1600 Gästen Platz, wie die 219 n. Chr. von Kaiser Caracalla erbaute Anlage in Rom.

Schon gewusst?

Die Römer besuchten die Bäder wie einen Klub, wo man Freunde traf. Man konnte dort Getränke und Snacks kaufen, reden oder spielen. Gewöhnlich schlossen die Bäder bei Sonnenuntergang.

In einem Badehaus

Die Badegäste durchliefen eine Abfolge immer heißer werdender Räume. Die trockene oder feuchte Hitze brachte die Besucher zum Schwitzen, die Poren öffneten sich, und die Haut wurde gereinigt. Nach dem Einreiben mit Öl schabten Sklaven mit einer *strigilis* (Schabeisen) Öl und Schmutz ab. Danach sprangen die Badegäste in ein lauwarmes Bad, anschließend in ein kaltes Becken. Zum Abschluss gab es eine Massage.

Der Eingang zum öffentlichen Badehaus in Herculaneum bei Pompeji

Die gut erhaltene römische Therme in Bath, England

Sportübungen

Oft machten die Badegäste zunächst einige Sportübungen wie diese Frau auf einem Bodenmosaik eines Badehauses auf Sizilien.

Grundriss eines römischen Badehauses

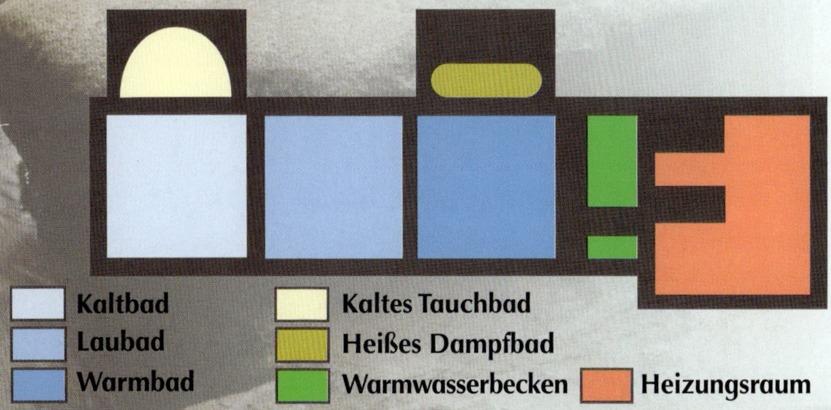

Wagenrennen und Spiele

Die Römer begeisterten sich für Wagenrennen, die in speziellen Arenen ausgetragen wurden. Und sie gingen in das Amphitheater, um sich die blutrünstigen Spiele anzusehen.

Rasante Wagenrennen

Der gewaltige Circus Maximus in Rom war die größte Arena für Wagenrennen im Reich. Er bot Platz für mehr als 250 000 Zuschauer.

Die Wagen wurden meist von vier Pferden gezogen. Fahrer und Wagen gehörten zu einem der vier Rennställe – den Weißen, Roten, Blauen oder Grünen. Wie moderne Fußballklubs hatte jeder Rennstall seine Unterstützer. Bei den Wetten konnte man viel Geld gewinnen oder verlieren. Die Wagenrennen waren schnell und gefährlich: Vor allem an den Wendepunkten kam es häufig zu Zusammenstößen.

Schon gewusst?

Ein Gespann konnte ein Rennen auch ohne seinen Lenker gewinnen, Hauptsache es passierte als erstes die Ziellinie.

Ein Mosaik mit römischen Wagenlenkern

Das Kolosseum

Die Spiele fanden in Amphitheatern, großen Freiluftarenen mit ansteigenden Sitzreihen, statt. Amphitheater gab es überall im Reich, doch das größte war das flavische Amphitheater in Rom, heute als Kolosseum bekannt. Das Kolosseum war das höchste Gebäude Roms und konnte über 50 000 Menschen aufnehmen. Die Spiele zu seiner Eröffnung 80 n. Chr. dauerten 100 Tage.

Tierkämpfe

Wilde Tiere wie Löwen und Panther kämpften miteinander oder wurden von Tierkämpfern (*bestiarii*) gehetzt. Manchmal warf man den Tieren verurteilte Straftäter zum Fraß vor.

Gladiatoren

Die meisten Römer liebten die Gladiatorenkämpfe. Überall im Reich ergötzte sich das Publikum am Kampf Mann gegen Mann, der oft mit dem Tod endete.

Schon gewusst?
Es gibt Berichte über weibliche Gladiatoren. Sie kämpften untereinander oder gegen wilde Tiere, nicht gegen Männer. Der Auftritt weiblicher Gladiatoren war eher selten und wurde 200 n. Chr. verboten.

Kämpfer

Anfangs traten Sklaven, Kriegsgefangene und Kriminelle als Gladiatoren an. Später waren es Freiwillige, denn ein Gladiator konnte sich Hoffnungen auf Geld und Ruhm machen. Die speziellen Gladiatorenschulen waren sehr hart. Neulinge lernten zunächst mit Holzschwertern und Schilden zu kämpfen.

Gladiatoren in der Arena

Die Gladiatorenkämpfe waren ein wichtiges Element der Spiele. Die größten Spiele fanden in Rom statt und konnten Wochen dauern. Die Gladiatoren betraten die Arena und umrundeten sie in einer Prozession, dann traten sie paarweise gegeneinander an. Man wettete darauf, wer gewinnt.

Untergrund

Im Untergrund eines Amphitheaters gab es ein Gewirr von Gängen und Räumen. Man sieht das im Kolosseum, dessen ursprünglicher Arenaboden heute fehlt. Hier unten warteten die Kämpfer und die Tiere auf den Beginn der Tierhatzen.

Der Kampf

Ein Kampf dauerte so lange, bis einer der Gladiatoren schwer verletzt war oder sich ergab. Dann ertönte eine Fanfare. Der Verlierer bat den Kaiser um Gnade. Der Kaiser richtete sich nach dem Publikum. Nach einem guten Kampf wurde der Gladiator meist verschont. Hatte er schlecht gekämpft oder war unbeliebt, dann wurde er getötet.

Interessantes

- **Nicht alle Römer erfreuten sich an den blutrünstigen Spielen. Kaiser Mark Aurel etwa schrieb während der Kämpfe lieber Briefe, als zuzusehen.**
- **Am Abend vor dem Kampf servierte man den Gladiatoren ein spezielles Mahl, doch vielen war nicht unbedingt nach Schlemmen zumute.**

Dieses Mosaik zeigt den Kampf gegen einen Panther.

Ausrüstung

Die Gladiatoren benutzten verschiedenste Waffen und Rüstungen. Dieser Darsteller eines römischen Gladiators trägt eine Ledermaske, die Nase und Mund schützt, dabei aber die Sicht frei lässt.

Ende des Reichs

Das Römische Reich schien für die Ewigkeit geschaffen zu sein. Doch irgendwann zeichnete sich eine Wende ab: Mehrere Kaiser wurden ermordet oder von der Armee abgesetzt, die Grenzen wurden angegriffen, und Hungersnöte oder Seuchen töteten viele Menschen. Ab der Mitte des 2. Jahrhunderts n. Chr. begann der Zerfall des mächtigen Reichs.

Schon gewusst?

Immer mehr Bewohner des Reichs vergruben bei Gefahr durch fremde Eroberer ihre Wertsachen. Sie glaubten, sie nach dem Abzug der Feinde ausgraben zu können. Archäologen haben viele dieser Schätze gefunden, denn ihre Besitzer kamen nie mehr zurück, um sie zu holen.

Teilung des Reichs

Diokletian wurde 284 n. Chr. Kaiser und entschied, das Reich aufzuteilen, weil es für einen Herrscher zu groß war. Er selbst regierte den östlichen Teil und ernannte den Feldherrn Maximinianus zum Herrscher im Westteil. Nach ihrer Abdankung 305 n. Chr. begann ein Machtkampf.

Konstantin

Konstantin wurde von seinen Truppen 306 n. Chr. in York zum Kaiser ausgerufen. 312 besiegte er seinen wichtigsten Rivalen Maxentius. Vom Ostteil aus regierte Konstantin nun beide Reichsteile. Den Christen erlaubte er die Ausübung ihres Glaubens, was bis dahin unter Strafe stand.

Die Eroberung Roms

395 n. Chr. kam es erneut zur Teilung des Reichs. Das Westreich wurde bald von Barbarenstämmen aus dem Nordosten angegriffen. Sie drangen 410 in Rom ein und plünderten es 455 erneut. Romulus Augustulus, der letzte Kaiser, musste 476 n. Chr. ins Exil gehen. Dies war das Ende Roms und des Westreichs.

Eine Tempelruine: Die vergoldeten Dachziegel nahmen die Plünderer mit.

Östliches Reich

Justinian (527–565 n. Chr.) regierte das östliche Reich. Zu diesem Zeitpunkt war das westliche Reich bereits zerstört. Das Reich im Osten überlebte und bildete fortan das Byzantinische Reich.

Ruinen des römischen Theaters in Leptis Magna, Nordafrika. Leptis Magna gehörte zum Weströmischen Reich.

ASIEN, AMERIKA UND AUSTRALIEN

Ägypten, Griechenland und Rom sind die bekanntesten Kulturen des Altertums, doch überall auf der Welt gab es frühe bedeutsame Zivilisationen. Im Nahen Osten und in Mesopotamien entwickelten sich die Landwirtschaft, die Schrift und die ersten Städte. Andere Kulturen hinterließen spektakuläre Bauten wie die Chinesische Mauer oder die großartigen Städte und Tempel der Maya in Mittelamerika. Einige gerieten nie in Vergessenheit, wie das Perserreich, während andere, etwa die Induskultur, erst zu Beginn des 20. Jahrhunderts durch Archäologen wiederentdeckt wurden.

Die ersten Bauern und Städte

Über Hunderttausende von Jahren lebten die Menschen in kleinen Gruppen, die Tiere jagten und wilde Pflanzen sammelten. Die Einführung der Landwirtschaft erlaubte den Menschen ein beständigeres Leben.

Langsame Veränderungen

Die ersten Bauern lebten vor etwa 12 000 Jahren im Nahen Osten. Die Menschen hatten Grassamen gesammelt und sich mehrere Jahre davon ernährt. Dann säten sie diese Samen aus und ernteten nach dem Ausreifen neue Samen. Allmählich veränderten sich die Pflanzen, weil man die besten mit den größten Körnern auswählte.

Interessantes

- Die Körner der neu gezüchteten Grassorten, frühe Varianten von Weizen und Gerste, wurden zwischen zwei Steinen zu Mehl zum Brotbacken zerrieben.
- Die Bewohner von Jericho lagerten bereits vor 12 500 Jahren wilden Weizen und Gerste ein.

Die Überreste von Çatalhöyük (Türkei), einer der ersten Städte

Tierhaltung

Neben der Aussaat von Getreide begannen die Menschen mit der Zähmung und Aufzucht von Tieren. Man wählte die geeignetsten Tiere aus, und mit der Zeit war der Umgang mit diesen domestizierten Tieren viel einfacher als mit ihren wilden Vorfahren. Bei der Jagd halfen nun aus Wölfen gezüchtete, abgerichtete Jagdhunde.

Sesshaft werden

Weil sie nun über eine zuverlässige Nahrungsquelle verfügten, brauchten die Menschen nicht mehr so weit herumzuziehen, um genug Nahrung zu finden. Sie konnten länger an einem Ort bleiben und permanente Siedlungen errichten. Jericho am Jordan und Çatalhöyük waren solche Siedlungen, die zu Städten wurden. Um 8000 v. Chr. besaß Jericho eine massive Stadtmauer und wurde das ganze Jahr über bewohnt.

Schon gewusst?
Die Häuser in Çatalhöyük waren aus Lehmziegeln gebaut. Man betrat sie über eine Falltür im Dach und stieg über eine Leiter zum Hauptraum hinab.

Schädel von Jericho

In Jericho fand man unter Hausfußböden mit Gips überzogene, verzierte Schädel. Vielleicht waren es Ahnen, die das Haus beschützen sollten.

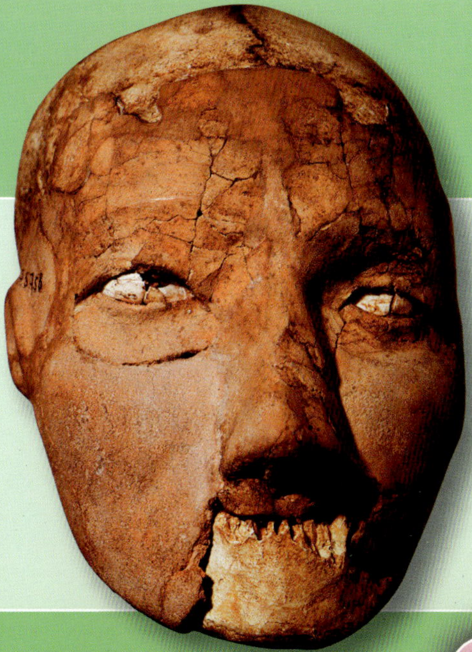

Mesopotamien und die ersten Städte

Ab 5500 v. Chr. entstanden in Mesopotamien, dem Land zwischen Euphrat und Tigris, erste Siedlungen. Die Menschen dort machten wichtige Erfindungen, welche großen Einfluss auf Kulturen überall auf der Welt hatten.

Das Land verändern

Das flache Land zwischen den beiden Flüssen war trocken und Regen selten. Doch traten die Flüsse regelmäßig über die Ufer. Die Bauern entwickelten ein System aus Teichen und Kanälen, um das Flutwasser für die Bewässerung ihrer Felder zu nutzen. Einige produzierten mehr, als sie brauchten, und konnten den Rest gegen andere Güter tauschen.

Die erste Stadt

Um 3500 v. Chr. entwickelten sich einige Dörfer zu Städten. Uruk im südlichen Mesopotamien, auch Sumer genannt, gilt als eine der ersten großen Städte. Etwa 3000 v. Chr. lebten dort fast 50 000 Menschen. Es gab große öffentliche Gebäude und Tempel. Die Stadt wurde von einer massiven Mauer umschlossen und geschützt.

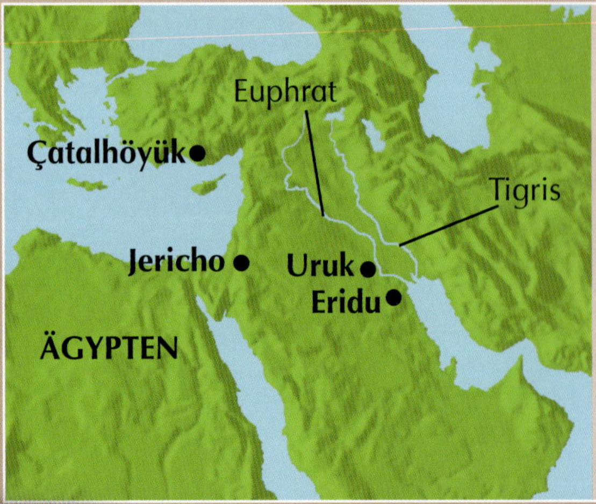

Jericho und Çatalhöyük sind die ältesten, von Archäologen entdeckten Städte. Die mesopotamischen Städte Uruk und Eridu sind einige Tausend Jahre jünger.

Interessantes

- Der Name „Mesopotamien“ kommt aus dem Griechischen und bedeutet „Zwischenstromland“.
- Die Stadt Uruk wird in der Bibel unter dem Namen Erech erwähnt. Die Tempel der Stadt waren schon von Weitem zu sehen.

Schon gewusst?

Der Weiße Tempel in Uruk wurde auf einer hohen Plattform erbaut. In den Fundamenten des Tempels hatten die Erbauer ein Löwen- und ein Leopardenjunges begraben, vielleicht als Opfer für die Götter.

Frühe Erfindungen

Durch eine bessere Organisation der Landwirtschaft brauchte man weniger Menschen auf den Feldern. Sie konnten sich anderen Arbeiten widmen, wie der Fertigung von Tongefäßen, Waffen und Schmuck. Die Mesopotamier erfanden die Töpferscheibe und die ersten Fahrzeuge mit Rädern, einfache Eselskarren.

Schrifttafel aus Ton

Schreibtafeln

Vermutlich gelang dem Tempelpersonal mit der Entwicklung der Schrift die wichtigste Erfindung. Diese Mesopotamier waren die ersten Schreiber. In Uruk fand man über 5000 Tontafeln mit frühen Schriften.

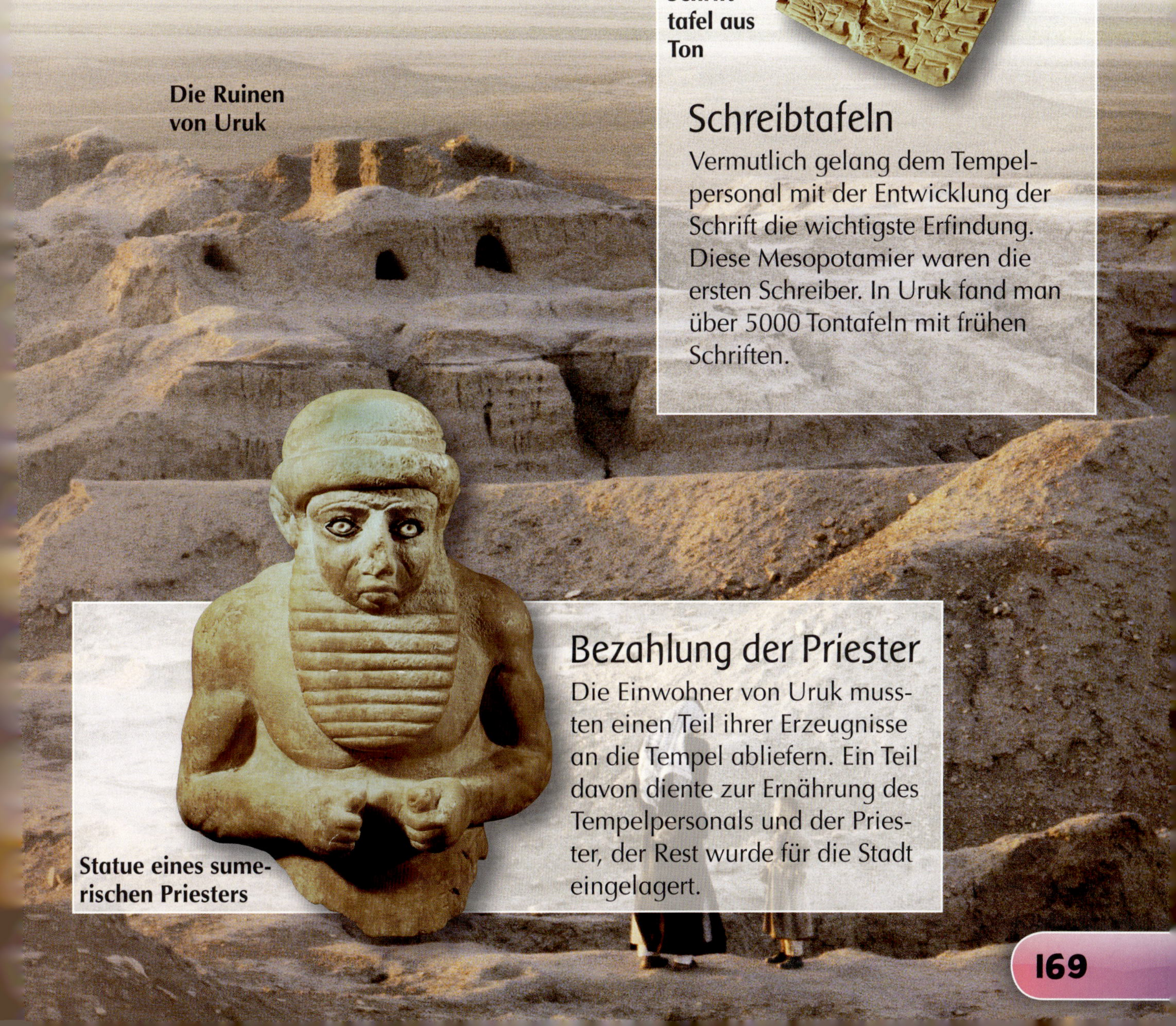

Die Ruinen von Uruk

Statue eines sumerischen Priesters

Bezahlung der Priester

Die Einwohner von Uruk mussten einen Teil ihrer Erzeugnisse an die Tempel abliefern. Ein Teil davon diente zur Ernährung des Tempelpersonals und der Priester, der Rest wurde für die Stadt eingelagert.

Aufzeichnungen

Die Schrift machte es möglich, Aufzeichnungen und Berichte zu verfassen. Aus diesen Dokumenten wissen wir vieles über diese Zeit.

Schon gewusst?
Die Tempelschreiber von Ur in Mesopotamien führten Listen über Geschenke an den Tempel. Es sind die ersten Dokumente der Geschichte, die Namen enthalten.

Wie wurde geschrieben?

Kleine Tafeln aus weichem Ton wurden geglättet, dann ritzte man mit einem Griffel aus angespitztem Holz oder Elfenbein Zeichen hinein. In dem getrockneten Ton war die Aufzeichnung fixiert. Zunächst malten die Schreiber ihre Berichte in Bildform als Piktogramme. Getreide wurde beispielsweise als Weizenähre dargestellt. Auch für Zahlen gab es ein System von Symbolen.

Piktogramme

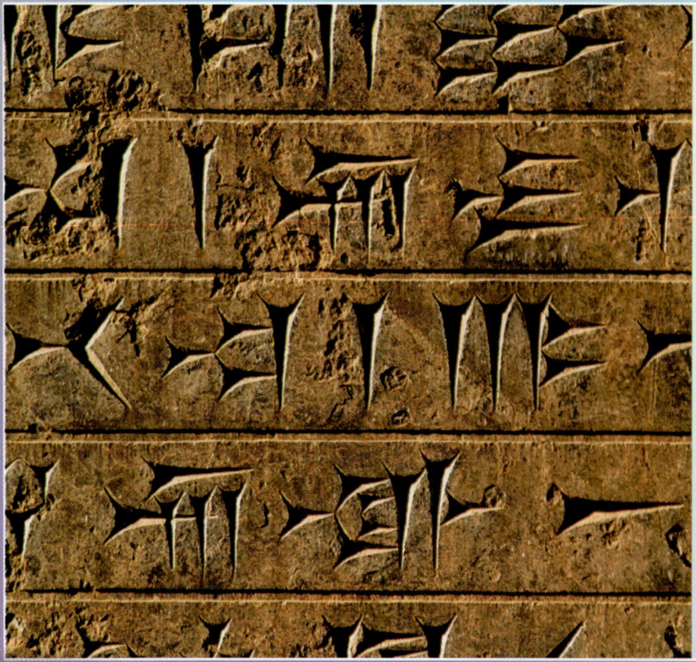

Vereinfachung der Schrift

Mit der Zeit vereinfachte man die Piktogramme. Einigen Symbolen wurden Laute zugeordnet, so konnte man durch die Kombination der Lautsymbole ein Wort für etwas bilden, das nicht als Bild darstellbar war. Ein Kopf und eine Schale standen für die Tätigkeit „essen“. Die stark vereinfachten Zeichen drückte man mit dem stumpfen Ende des Griffels in den weichen, feuchten Ton. Wegen der Keilform dieser Zeichen bezeichnet man diese Schrift als Keilschrift.

Ein Rollsiegel

Die Arbeit signieren

Kleine, runde Siegel, sogenannte Rollsiegel, dienten zum Signieren der Tontafeln. Mit dem Aufrollen ihres Siegels bestätigte die Person, dass sie diesen Text geschrieben oder autorisiert hatte. Viele dieser Siegel zeigten Bilder von Tieren oder Menschen und den Namen des Besitzers. Rechts und oben sind das Rollsiegel von Idi-Ilum und seine Abrollung zu sehen.

Andere Schriften

An vielen Orten der Welt wurden unabhängig voneinander Schriften entwickelt. In China ritzte man mit scharfen Werkzeugen Zeichen in Knochen. Die Maya in Mittelamerika meißelten ihre Symbole in Stein.

Interessantes

- **Verschiedene Sprachen bedienten sich der Keilschriftsymbole.**
- **Noch zu Zeiten Jesu war die Keilschrift in Gebrauch, geriet dann aber in Vergessenheit. Sie konnte erst im 19. Jahrhundert wieder entschlüsselt werden.**

Beschrifteter Knochen aus Henan, China

Städte in Sumer

Etwa um 3500 v. Chr. gab es in Sumer, wie der südliche Teil Mesopotamiens auch genannt wird, bereits Städte mit Tausenden von Einwohnern. Die größeren wie Ur, Kisch und Babylon waren die Hauptstädte kleiner Königreiche. Und diese Königreiche führten häufig Kriege.

Stadtstaaten

Jede Stadt hatte einen eigenen Herrscher, der auch die umliegenden kleineren Siedlungen und das Ackerland kontrollierte. Diese verschiedenen Stadtstaaten stritten häufig um Land und die Wasserrechte.

Die Stadtstaaten von Sumer

Die ersten Städte

Die meisten Städte waren von Mauern umgeben und die Gebäude aus Lehmziegel erbaut. Im Zentrum standen der Tempel und der Königspalast. Um die offiziellen Gebäude und den Marktplatz gruppierten sich Häuser und Werkstätten. Die Häuser standen, Wand an Wand, entlang verwinkelter Gassen.

Die Zikkurat des Nanna in Ur

Tempel

Jede Stadt hatte ihre eigene Gottheit. Anfangs wurde der Tempel des Stadtgottes auf einer Terrasse errichtet, damit er alle anderen Bauten überragte. Später baute man die neuen Tempel auf dem Schutthügel der älteren. Oft gab es mehrere, mit Treppen verbundene Ebenen, mit dem Altar der Gottheit auf der obersten Ebene. Diese gewaltigen Stufentempel nennt man Zikkurate.

Interessantes

- **Enil war der oberste Herrscher der sumerischen Götter. Sein Tempel in Nippur galt als das wichtigste Heiligtum.**
- **Häufig begruben die Menschen die Toten unter den Fußböden ihrer Häuser.**

Alltagsleben

Viele Menschen arbeiteten für den Tempel. Im Inneren gab es Lagerräume und Werkstätten. Viele Dokumente der dort beschäftigten Schreiber haben sich erhalten. Handwerker fertigten schöne Objekte wie diese Skulpturen betender Männer für den Tempel an. Der Handel wuchs, und Schiffe fuhren über die Flüsse in andere Länder, wo sie edle Stoffe gegen Kostbarkeiten wie Elfenbein eintauschten.

Die Gräber der Könige von Ur

Ur war ein bedeutender sumerischer Stadtstaat. Die von dem Archäologen Leonard Wooley in den 1920er-Jahren dort entdeckten Schätze zeigen auch den Reichtum der Stadt.

Der Friedhof

Ab 2600 v. Chr. begannen die Bewohner von Ur, ihre Toten auf einem Friedhof beizusetzen. Fast alle von Leonard Wooley entdeckten Gräber waren schlicht und gehörten einfachen Leuten. Es gab aber auch Gräber mit unterirdischen Kammern. Die meisten großen Gräber waren geplündert, doch Wooley fand zwei noch unberührte Grabstätten.

Die Treppe der Zikkurat, des „Himmelshügels" in Ur

Dolch und Scheide aus einem Königsgrab

Königsgräber und Schätze

Die beiden intakten Gräber, die Leonard Wooley entdeckte, gehörten Königen, die um 2500 v. Chr. in Ur regierten. In ihnen fand er bemerkenswerte Schätze, etwa Waffen wie den oben gezeigten Dolch, Rüstungen, goldene Halsketten mit Edelsteinen, Musikinstrumente, Kopfschmuck und eine Spieletruhe. Viele der für diese Objekte verarbeiteten Materialien stammten aus entfernten Ländern wie Afghanistan.

Menschenopfer

Die Königsgräber enthielten auch weitere menschliche Gebeine. Viele der Palastdiener waren mit ihrem König gestorben. Auch Tiere lagen im Grab, wie die Ochsen, die zuvor die Wagen in die Grabstätte gezogen hatten. Im größten Grab, dem sogenannten Great Death Pit, lagen die Leichen von fast 70 Frauen und 6 Männern. Sie lagen dort in ordentlichen Reihen und ohne Zeichen eines Kampfes. Vermutlich haben die Opfer Gift geschluckt.

Schon gewusst?

Vielleicht gab man den Menschen Drogen, bevor sie zum Sterben ins Grab gingen. Uns erscheint das schrecklich, für die Diener bedeutete es möglicherweise eine große Ehre, ihre Herren ins Jenseits zu begleiten.

Musikinstrumente

Unter den Toten in den Königsgräbern waren vermutlich auch Musiker, denn man fand dort ebenso Überreste von Musikinstrumenten. Zwar waren die Holzteile vermodert, doch es gelang, das Aussehen der Instrumente zu rekonstruieren. Man hat viele Objekte nachgebaut, unter anderem die oben abgebildete Lyra. Sie ist mit einem aus Gold gearbeiteten Stierkopf und einem wertvollen blauen Lapislazulistein verziert.

Mesopotamische Reiche

Ur war das Zentrum eines frühen Reichs, das um 2000 v. Chr., also 500 Jahre nach der Versiegelung der Königsgräber, seinen Höhepunkt erreichte. Aber es gab noch weitere Reiche zu dieser Zeit.

König Sargon

Das erste Reich in dieser Region schuf um 2300 v. Chr. Sargon, der Herrscher von Akkad im Norden von Sumer. Er eroberte Gebiete zwischen dem Mittelmeer und dem Persischen Golf, darunter auch Sumer. Seine Nachfolger konnten das Reich aber nicht halten, und es zerfiel um 2230 v. Chr. wieder.

Viele Archäologen halten dies für ein Porträt Sargons.

Ur steigt wieder auf

Etwa 2000 v. Chr. beherrschten Ur-Nammu, der König von Ur, und sein Sohn Schulgi das Gebiet entlang des Tigris und Teile des Iran. Sie verfügten über ein mächtiges Heer und eine gut organisierte Verwaltung. Die Untertanen mussten Nahrungsmittel und andere Güter als Tribut abliefern. Die Könige wurden reich und bauten große Paläste und Tempel.

Babylon

Der Stadtstaat Babylon stand zunächst unter der Kontrolle von Ur, wurde aber nach dem Zusammenbruch des Reichs von Ur unabhängig. Hammurabi, Babylons sechster König, bestieg 1792 v. Chr. den Thron. Er war ein großer Feldherr und eroberte Sumer und Akkad. Babylon wurde unter seiner Regentschaft reich. Doch kurz nach Hammurabis Tod 1750 v. Chr. zerfiel sein Staat.

Interessantes

- **Vor Hammurabi scheinen sich viele Herrscher für Götter gehalten zu haben. Hammurabi aber bezeichnete sich selbst nur als „Liebling der Götter".**

Schon gewusst?

Die berühmten „Hängenden Gärten" wurden um 600 v. Chr. von König Nebukadnezar II. geschaffen. Nebukadnezar und sein Vater hatten den einst mächtigen Staat wieder aufgebaut und Babylon zur spektakulärsten Stadt der Region gemacht.

Der Euphrat: Die Stadt Ur wurde dicht oberhalb der Mündung des Flusses in den Persischen Golf errichtet.

Codex hammurabi

Hammurabi erließ 282 Gesetze, die viele Aspekte des Alltagslebens regelten. Die Texte wurden in eine große Steinsäule eingemeißelt. An deren Spitze ist Hammurabi zu sehen, wie er die Gesetze empfängt, die auch Frauen bestimmte Rechte zugestehen.

Das assyrische Reich

Die Assyrer lebten ursprünglich im Norden Mesopotamiens am Tigris. Sie schufen nicht nur ein, sondern zwei gewaltige Reiche.

Schon gewusst?
Die Truppen des großen assyrischen Reichs waren gut ausgebildet und benutzten Waffen aus Eisen, sodass sie ihren Feinden, die nur weichere Bronzewaffen hatten, überlegen waren.

Das erste Reich

In der Bronzezeit begannen die Assyrer mit der Expansion nach Westen. Die eroberten Gebiete regierten sie mit harter Hand. Nach Angriffen von Nomaden aus dem Norden und Westen zogen sie sich um 1030 v. Chr. in ihr alte Heimat zurück.

Das große assyrische Reich

Mächtige Könige mit schlagkräftigen Armeen setzten erneut auf Expansion. Um 650 v. Chr. erstreckte sich das assyrische Reich vom Persischen Golf bis zum Mittelmeer und bis hinab nach Ägypten.

Hier sieht man, wie assyrische Soldaten die befestigte Stadt Samaria mit einem Rammbock angreifen.

Das Heer

Die assyrischen Truppen waren gefürchtet. Die Fußsoldaten waren mit Speer und Schild bewaffnet, andere Einheiten mit Bogen oder Steinschleuder. Und es gab Reiter und Streitwagen. Die Assyrer attackierten Städte mit Rammböcken und benutzten Leitern oder Rampen zum Überwinden der Stadtmauern.

Strenge Herrscher

Die Assyrer brannten eine eroberte Stadt gewöhnlich nieder. Die Einwohner wurden getötet oder in andere Teile des Reichs umgesiedelt. Viele dienten den assyrischen Königen als Sklaven beim Bau der gewaltigen Paläste und Tempel, einige mussten in der Armee dienen. Als sich die unterdrückten Völker im Kampf gegen die grausamen Herren zusammenschlossen, wurden die Assyrer 609 v. Chr. gestürzt.

Assyrische Städte

Die Eroberungen brachten großen Reichtum nach Assyrien. Die assyrischen Herrscher erbauten prächtige Paläste und Tempel, und die Städte waren reich.

Interessantes

- Einige assyrische Könige hatten Privatzoos mit exotischen Tieren.
- In den assyrischen Städten gab es in Palastnähe einen großen, abgeschlossenen Bereich. Dort lebten die Soldaten und lagerten ihre Waffen.

Mächtige Tore bewachten den Zugang zur einstigen Stadt Ninive.

Die assyrische Stadt Nimrud wurde am Ufer des Tigris erbaut. Dieses moderne Bild kann einen Eindruck dieser einst prächtigen Stadt vermitteln.

Hauptstädte

Die Hauptstadt des assyrischen Reichs wurde mehrfach verlegt, und in jeder ihrer Hauptstädte errichteten die assyrischen Könige gewaltige Monumente. Diese Städte waren groß: In Ninive, das von 705–612 v. Chr. Hauptstadt war, lebten 100 000 Menschen. Hohe Mauern mit mächtigen Toren schützten die Städte. Die Wasserversorgung war gut, die Nahrungsmittel für die Einwohner wurden aus dem gesamten Reich herbeigeschafft.

Paläste

Die Paläste standen in einem durch eine Mauer abgetrennten Bereich der Stadt. Das Palastviertel hatte die Ausmaße einer Kleinstadt und umfasste auch die Haupttempel. Die Menschen betraten den Palast durch Tore, die von riesigen, geflügelten Stierskulpturen mit Menschenköpfen bewacht wurden.

Im Palast gab es öffentliche Räume, die Privatgemächer der Königsfamilie, Lagerräume und Werkstätten. Auf den dekorativen Wandreliefs war meist der König dargestellt – im Krieg, bei der Jagd oder in seinen Gärten. Auch die Tempel waren aufwendig ausgeschmückt.

Bibliotheken

Die assyrischen Könige trugen Bibliotheken aus Schrifttafeln zusammen. Die Tontafeln, wie die oben abgebildete, stammten aus allen Teilen des Reichs und waren teilweise Hunderte von Jahren alt. Sie berichten von historischen Ereignissen und halfen den modernen Wissenschaftlern, die Sprache der alten Sumerer zu verstehen.

Das persische Reich

Die Völker der Perser und Meder zogen von Zentralasien aus westwärts und siedelten sich um 2000 v. Chr. im heutigen Iran an. Die Perser schufen eines der größten Reiche des Altertums.

Mächtige Könige

Ursprünglich waren die Meder der stärkere der beiden Volksstämme, doch der Perserkönig Kyros II. besiegte sie 551 v. Chr. Er begann, das Herrschaftsgebiet der Perser im Westen zum Mittelmeer und im Osten nach Zentralasien auszudehnen. Sein Nachfolger eroberte Ägypten. 522 v. Chr. kam Dareios, hier abgebildet, auf den Thron. Er gliederte Thrakien in das Perserreich ein.

Persepolis

Dareios ließ in Persepolis eine neue Hauptstadt und einen riesigen Palast errichten. Die gewaltigen Gebäude standen auf einer 15 m hohen Terrasse, wodurch sie noch imposanter wirkten.

Regierung des Reichs

Die Perserkönige teilten ihr Reich in 20 Provinzen auf, die jeweils von einem Gouverneur regiert wurden. Die Provinzen waren durch ein Straßennetz verbunden, um die Kommunikation zwischen König und Verwaltern zu erleichtern. Die wichtigste Straße war rund 2500 km lang.

Die Apadana

In der Apadana, einer riesigen Halle in Persepolis, empfing der König Bittsteller und Gesandte. Die hohen Säulen wurden von Kapitellen gekrönt, die als Tierköpfe ausgeführt waren. So bekam man den Eindruck, die Decke würde von riesigen Stieren, Löwen oder Fabelwesen wie diesen Greifen getragen.

Die Ruinen von Persepolis, Hauptstadt unter Dareios

Zerstörung

330 v. Chr. besiegte der makedonisch-griechische König Alexander der Große das Perserreich. Das war auch das Ende der prächtigen Stadt Persepolis. 150 Jahre zuvor hatte der Perserkönig Xerxes die griechische Stadt Athen niedergebrannt, jetzt rächte sich Alexander und setzte Persepolis in Brand.

Die Induskultur

Etwa 2500 v. Chr. entwickelte sich eine bedeutende Kultur im Gebiet um den Indus in Südwestasien. Nach ihrem Niedergang geriet sie in Vergessenheit, bis Archäologen sie in den 1920er-Jahren wiederentdeckten.

Stadt und Land

Diese sogenannte Induskultur erstreckte sich über ein gewaltiges Gebiet. Der von den Flüssen aus den Bergen angeschwemmte, fruchtbare Schlick war ideal für den Ackerbau. Neben kleineren Siedlungen und Orten gab es fünf größere Städte. Die beiden größten waren Mohenjo-Daro und Harappa mit rund 40 000 Einwohnern.

Bei der Skulptur könnte es sich um das Bildnis eines Priesters handeln.

Wer regierte die Induskultur?

Viele Dinge waren im gesamten Bereich der Induskultur einheitlich, etwa die Maß- und Gewichtseinheiten. Einige meinen, dass es dort folglich einen mächtigen Herrscher gegeben haben muss. Doch man fand weder Spuren von Palästen noch von aufwendigen Gräbern oder individuellem Reichtum. Vielleicht herrschte dort eine Priesterkaste.

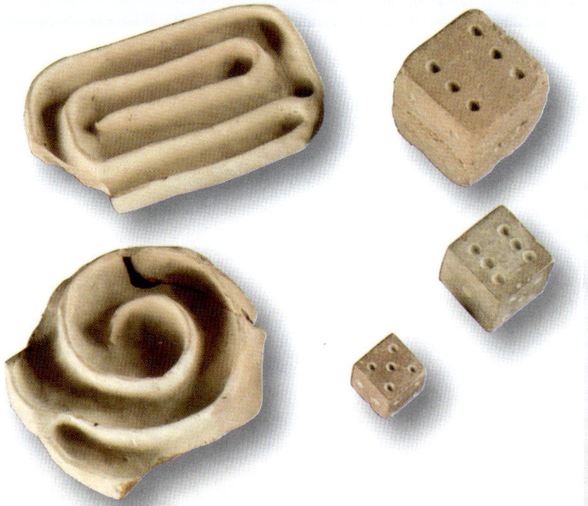

Alltagsobjekte

Die mit Ausgrabungen in den Indussiedlungen beschäftigten Archäologen fanden viele wunderschöne Objekte: kleine Statuen, Schmuck und sogar Spiele wie diese Labyrinthe und Würfel.

Warum wurden die Städte aufgegeben?

Die Induskultur bestand gut 1000 Jahre, bis sie verschwand. Die Gründe kennen wir nicht. Vielleicht trockneten die Flüsse aus oder verlagerten ihren Lauf. Der Niedergang verlief offenbar allmählich und geschah nicht plötzlich.

Wissenschaftler vermuten, dass das Große Bad in Mohenjo-Daro für religiöse Zeremonien genutzt wurde.

Interessantes

- **Die Induskultur unterhielt Handelsbeziehungen zu den weit im Westen gelegenen, mesopotamischen Staaten und lieferte Luxusgüter wie Elfenbein oder Halbedelsteine.**
- **In Harappa fand man auch schriftliche Aufzeichnungen der Induskultur, die aber bis jetzt noch nicht entschlüsselt werden konnten.**

Das alte China

In der Frühzeit bestand China aus vielen Einzelstaaten, die dann von den Königen der Shang- und Zhou-Dynastien geeint wurden. 221 v. Chr. wurde Qin Shihuangdi der mächtigste Kaiser, den China je hatte.

Interessantes

- Die Rüstungen der Shang-Soldaten waren aus Holz und Bambus und zum Schutz dick gepolstert.
- Die Chinesische Mauer wurde über 2000 Jahre gebaut, repariert und instand gehalten.

Früher Herrscher

Um 1700 v. Chr. wurden die Herrscher der Shang-Dynastie die einflussreichsten Könige der Region. Rund 600 Jahre kontrollierten sie große Teile Chinas. Sie regierten mit strenger Hand und setzten viele Sklaven ein.

1122 v. Chr. trat die Zhou-Dynastie die Nachfolge an und regierte etwa 900 Jahre lang. Es war eine sehr unruhige Zeit mit vielen Aufständen und Kriegen. Der Adel der kleinen Staaten, die das Reich bildeten, gewann an Macht und konnte den König herausfordern. Die Staaten bekämpften sich auch untereinander. Hinzu kamen Invasionen der im Norden Chinas lebenden Völker.

Schon gewusst?

Die erste chinesische Schrift bestand aus Bildern, die eher Piktogramme waren. Diese Bilder veränderte man allmählich in die bis heute gebräuchlichen Symbole.

Zum Bau der Chinesischen Mauer waren vermutlich 300 000 Arbeiter nötig.

Die Chinesische Mauer

Viele der Staaten hatten während der Kriege Mauern zu ihrem Schutz gebaut. 221 v. Chr. errang der Herrscher des Staates Qin die Vormacht und nahm den Titel Qin Shihuangdi (Erster Kaiser) an. Zur Abwehr von Feinden ließ er eine gewaltige Mauer errichten, die viele bereits vorhandene Schutzwälle verband. Man benutzte die jeweils vor Ort verfügbaren Materialien: Im Gebirge waren dies Steine, in anderen Abschnitten fest gestampfte, aufgeschüttete Erde.

Schon gewusst?
Die Chinesen entdeckten, wie man aus den Kokons der Seidenraupe Seide gewinnen und zu edlem Stoff verarbeiten kann.

Chinas erster Kaiser

Der erste Kaiser, Qin Shihuangdi, begann, das von ihm beherrschte riesige Reich zu reformieren. Unter ihm gelangte das Reich, das seine Nachfolger noch erweiterten, zu großem Wohlstand.

Qin Shihuangdi

Der erste Kaiser unterstellte ganz China einer einzigen Regierung. Überall im Land benutzte man eine Schrift und dieselben Maße, Gewichte und Münzen. Man begann mit Projekten wie der Großen Mauer. Die erstaunlichste Hinterlassenschaft von Qin Shihuangdi ist sein eindrucksvolles Grab.

Das Grab des Kaisers

210 v. Chr. starb Qin Shihuangdi, doch schon Jahre zuvor hatte man mit dem Bau seiner Grabstätte begonnen. Unter einem großen Grabhügel könnte der Leichnam des Kaisers ruhen. Um diesen Hügel herum gibt es verschieden große Gruben, in denen Archäologen eine komplette, aus Terrakotta gefertigte Armee fanden.

Die Krieger aus Ton sind meist zwischen 180 und 190 cm groß.

Die Terrakottaarmee

Dem toten Kaiser stand eine große Armee mit Soldaten, Bogenschützen und sogar Pferden zur Verfügung. Die über 7000 Soldaten haben ganz individuelle Gesichter. Es gibt Fußsoldaten, Bogen- und Armbrustschützen, Wagenlenker und zwei Feldherren. Die Rüstungen sind sehr detailliert ausgeführt. Ursprünglich trugen die Krieger echte Waffen, doch die wurden nach dem Tod des Kaisers gestohlen.

Interessantes

- **Die ersten Krieger der Terrakottaarmee wurden 1974 von Einheimischen beim Ausheben eines Brunnens entdeckt.**
- **Die Figuren waren ursprünglich farbig bemalt. Auf einigen fand man entsprechende Farbspuren.**

Die Han-Kaiser

Bald nach dem Tod Qin Shihuangdis kam die Han-Dynastie an die Macht. Die Han-Kaiser erweiterten das Reich und regierten mithilfe hoher Beamter, der Mandarine. Einige Grabstätten des Han-Adels sind bekannt. In einem Grab waren Prinz Liu Sheng und seine Gemahlin bestattet. Sie trugen Totengewänder aus mit Golddraht verbundenen Jadeplättchen.

Prinz Liu Sheng

Groß-Simbabwe

Einige der größten Ruinen Afrikas findet man in Groß-Simbabwe mit seinen riesigen, hoch aufragenden Steinmauern.

Hauptstadt eines Shona-Reichs

Von 500–900 n. Chr. lebten im späteren Groß-Simbabwe nur einige Bauern, die keine Steinbauten kannten. Um 1270 kamen die Vorfahren des Shonavolks hierher und begannen zu bauen. Groß-Simbabwe wuchs auf bis zu 18 000 Einwohner an. Bis etwa 1450 betrieben sie von hier aus einen intensiven Fernhandel.

Steinbauten

Es gibt zwei Komplexe mit massiven Steinruinen. Dazwischen standen die vielen kleinen Lehmhäuser der einfachen Leute. Auf dem Hügel mit seinen zahlreichen Steinbauten lebte der Herrscher mit seiner Familie. Auch wichtige Beamte und vielleicht einige Priester könnten dort gewohnt haben.

Interessantes

- **Die Bewohner Groß-Simbabwes nutzten die Küstenstädte für ihren Handel. Man hat dort chinesische und persische Tonwaren gefunden.**
- **Der Herrscher musste die ganzjährige Nahrungsversorgung seiner Untertanen sicherstellen. Es gab Steinbehälter zur Lagerung von Getreide.**

Der Standort

Groß-Simbabwe war das Zentrum eines Reichs, das sich vom Norden Südafrikas bis zum Sambesi und vom östlichen Botswana bis zum Westen Mosambiks erstreckte. Über die Küstenstädte am Indischen Ozean betrieb man Handel.

Great Enclosure

Im Tal gibt es noch eine weitere Ruinenstätte innerhalb einer gewaltigen Great Enclosure genannten Umfassungsmauer. Die aus etwa 900 000 Steinblöcken gebaute Mauer ist 244 m lang, 5 m dick und rund 10 m hoch. Im Inneren steht unter anderem ein ungefähr 9 m hoher Steinturm.

Schon gewusst?

Groß-Simbabwe wurde auf einem Plateau erbaut. Durch die Höhenlage hatte die Siedlung nicht unter den Tsetsefliegen zu leiden, die eine für Mensch und Rinder gefährliche Krankheit übertragen.

Die Vögel

Im Palastbezirk auf dem Hügel fand man sieben Steinpfosten, einen weiteren in den Ruinen im Tal. Jeder trug auf der Spitze eine Specksteinfigur in Vogelgestalt. Einer dieser Simbabwe-Vögel schmückt heute als Nationalsymbol die Flagge Simbabwes.

Great Enclosure

Amerika

Während der letzten Eiszeit, die vor rund 100 000 Jahren einsetzte, sah die Erdoberfläche ganz anders aus. Klimaveränderungen veranlassten die Menschen von Asien aus, neue Nahrungsquellen zu suchen.

Landbrücken und Kanus

Gruppen von Jägern folgten damals den Herden von Rentieren, Moschusochsen und Mammuts. Als das Klima sich wieder erwärmte, wanderten diese Tiere weiter nach Norden – ihre Jäger zogen ihnen hinterher. Zwischen Sibirien und Alaska gab es eine heute überflutete Landbrücke, über die möglicherweise die ersten Menschen nach Nordamerika gelangten. Andere könnten in Kanus der Küstenlinie gefolgt sein. Spuren früher Besiedelung findet man in Alaska, Brasilien und Chile. Bei der weiteren Erwärmung des Klimas schmolz das Eis, und der Meeresspiegel stieg: Asien und Nordamerika wurden wieder getrennt.

Interessantes

- Man fand 5000 Jahre alte Spuren von Zelten, sogenannten Tipis. Aber nur noch die Steine zum Beschweren der Lederbespannung haben sich erhalten.
- Die frühen Jäger in Nordamerika verfolgten die Tiere zu Fuß. Erst die Spanier führten dort im 16. Jahrhundert Pferde ein.

Felskunst im Canyonlands National Park in Utah, USA

Diese Karte zeigt die Kontinente nach der Überflutung der Landbrücke zwischen Asien und Nordamerika.

Speerspitzen

Nordamerika

Die meisten großen Tierarten, etwa das Mammut, starben nach der Eiszeit aus. Doch die Menschen jagten nun die ebenfalls in Herden lebenden Bisons und Karibus oder fingen Fische. Die Jäger fertigten Steinwerkzeuge an. An einigen Orten hielt sich diese Lebensweise bis ins 19. Jahrhundert.

Hügelbauer

Im 1. Jahrhundert v. Chr. begannen einige Völker, Einfriedungen und Erdhügel zu errichten. Diese Tradition bestand über Hunderte von Jahren, doch man weiß wenig über deren Hintergrund. Manchmal stand auf dem Hügel ein Gebäude, manchmal waren es Grabhügel, meist aber nur gewaltige Erdhügel. Der Great Serpent Mound (oben) in Ohio ist ein langer, schlangenförmig gewundener Hügel.

Chaco Canyon

Die Wüsten im Südwesten Amerikas sind unwirtliche Standorte. Aber im Chaco Canyon und in Mesa Verde hat man außergewöhnliche Ruinen gefunden, die in der trockenen Wüstenluft sehr gut erhalten blieben.

Sesshafte Bauern

Vor 2500–2000 Jahren begannen Menschen, auf dem Colorado Plateau Mais, Bohnen und Kürbisse anzubauen. Sie gruben Kanäle zur Bewässerung ihrer Felder und wurden zu erfahrenen Bauern.

Um 800 n. Chr. veränderten sich die Dinge. Die kleinen Gehöfte wurden durch große, aus Stein gebaute Siedlungen ersetzt. Archäologen haben diese teilweise gewaltigen Bauten „Great Houses" genannt.

Interessantes

- Die Völker, die an Orten wie dem Chaco Canyon lebten, werden häufig als Pueblo-Indianer bezeichnet. „Pueblo" bedeutet auf Spanisch „Dorf". Spanische Siedler kamen im 16. Jahrhundert in diese Region.
- Die zunächst blühenden Siedlungen in Chaco erlebten in der Mitte des 12. Jahrhunderts ein abruptes Ende.

Auf diesem im Chaco Canyon gefundenen Kopfschmuck aus Holz ist noch die Bemalung sichtbar.

Chaco Canyon

Im Chaco Canyon in New Mexico gibt es verschiedene große Gebäude. Der hier abgebildete Pueblo Bonito ist mit fünf oder sechs Stockwerken und über 600 Räumen das größte. Für solche Bauvorhaben waren viele Menschen notwendig. Für die Bauwerke im Chaco Canyon brauchte man 200 000 Holzbalken, die aus mehreren Kilometern Entfernung herbeigeschafft werden mussten. Die Bestimmung der meisten Gebäude ist noch nicht eindeutig. Es könnten Wohngebäude oder Tempel gewesen sein. In einigen Räumen des Pueblo Bonito waren Menschen bestattet. In den sogenannten Kivas, runden Räumen, fanden vielleicht Versammlungen statt.

Schon gewusst?

In einem Raum des Pueblo Bonito waren 14 Menschen bestattet, denen man Tausende von Muscheln und 56 000 wertvolle Türkissteine als Schmuck mitgegeben hatte.

Das Geheimnis von Mesa Verde

Die Siedlungen der Mesa Verde in Colorado, nördlich des Chaco Canyon, sind spektakulär. Und sie sind geheimnisvoll, denn niemand weiß, warum sie im 13. Jahrhundert aufgegeben wurden.

Interessantes

- Man fand in Mesa Verde viele Alltagsgegenstände, wie aus Yuccapalmen geflochtene Sandalen.
- Der Cliff Palace in Mesa Verde hat 150 Räume. Die Bauten sind aus Stein, Lehm und Holz errichtet worden.

Unter den Klippen

Besonders beeindruckend sind die Felsbehausungen, die unter den überhängenden Klippen an den steilen Wänden der Täler kleben. Die Bauten stehen dicht beieinander und sind oft miteinander verbunden. Es gibt sogenannte Kivas und Türme. Diese Klippenbehausungen wurden an gut zu verteidigenden Plätzen erbaut und gleichen großen Dörfern. Über steile Treppen erreichte man die Felder auf dem darüberliegenden Plateau.

Töpferwaren

Die in Mesa Verde gefundenen Töpferwaren sind meist mit schwarz-weißen Mustern verziert.

Schon gewusst?

Als die ersten Europäer die Stätten im Chaco Canyon und in Mesa Verde sahen, hatten sie den Eindruck, diese wären erst vor wenigen Tagen verlassen worden. In einigen Töpfen lag sogar noch Getreide. Dabei waren die Orte seit mehreren Hundert Jahren unbewohnt.

Gewalt

In Mesa Verde fand man Skelette mit Verletzungen durch Pfeile oder wuchtige Schläge. Archäologen vermuten, dass es dort immer gewaltsame Konflikte gab. Im 12. Jahrhundert aber stiegen die Opferzahlen, im 13. Jahrhundert wurden die Siedlungen aufgegeben.

Was ist passiert?

Niemand weiß genau, warum die Menschen Siedlungsorte wie Chaco Canyon und Mesa Verde aufgaben. Einige Forscher vermuten, dass dort einfach zu viele Menschen lebten, die irgendwann alle Bäume gefällt und den Boden erschöpft hatten. Landwirtschaft war so kaum noch möglich, und es könnte zu Konflikten gekommen sein. Andere vermuten Dürre- oder Kälteperioden als Ursache des Niedergangs. Es gibt viele Theorien, doch gesicherte Erkenntnisse fehlen.

Frühe Königreiche in den Anden

In den südamerikanischen Anden entwickelten sich um 800 v. Chr. erste Kulturen. Sie haben uns wunderschöne und auch äußerst mysteriöse Dinge hinterlassen.

Die Moche-Kultur

Die Moche beherrschten zwischen 100 und 800 n. Chr. die nördliche Andenregion. Sie errichteten in den Flusstälern Zeremonialzentren mit gewaltigen Tempelpyramiden. Die Herrscher waren reich und ihre Untertanen geschickte Handwerker. Sie schufen wunderschöne Objekte aus Keramik, Gold und Edelsteinen.

Der Herr von Sipán

In Sipán fand man mehrere Moche-Königsgräber, eines davon enthielt einen Sarg mit einem männlichen Leichnam. Im Sarg lagen viele wertvolle Objekte wie Kopfschmuck aus Gold und Federn, Königsbanner, mit Gold- und Silberperlen verzierte Gewänder sowie die unten abgebildete Maske.

Interessantes

- Die Moche-Tempel wurden aus Lehmziegeln erbaut. Für den größten waren vermutlich 125 Millionen von Hand gefertigte und vermauerte Ziegel notwendig.
- Die Nazca versorgten sich über ein unterirdisches Kanalsystem mit Wasser. Ein Teil dieser Anlagen wird bis heute genutzt.

Schon gewusst?

Die Gräber in Sipán wurden 1987 von Grabräubern entdeckt. Es gab so viel Gold darin, dass es zum Streit kam und einer von ihnen zur Polizei ging.

Diese von oben fotografierten Nazca-Linien stellen einen Affen dar.

Nazca-Kultur

Das Volk der Nazca lebte etwa zur selben Zeit wie die Moche, nur weiter im Süden. Sie haben mit den sogenannten Nazca-Linien einzigartige Monumente hinterlassen. Sie zeichneten Tausende von geraden Linien und Mustern in den Wüstenboden, indem sie dort die Oberfläche abkratzten und den hellen Untergrund freilegten. Die Figuren sind so großflächig, dass sie vom Boden aus gar nicht ganz zu sehen sind. Vermutlich liefen die Menschen bei religiösen Zeremonien in Gruppen diese Linien entlang. Viele dieser Linien scheinen mit der Sonne und der Lage von Wasserquellen in Verbindung zu stehen.

Die Linien rechts haben die Form einer Spinne.

Die Inka

Die Inka hatten das größte Reich in Amerika. Es umfasste fast das gesamte Gebiet der heutigen Staaten Peru, Bolivien, Ecuador und Chile.

Viele Königreiche

Das Königreich Cuzco bildete das Zentrum des Inka-Reichs, das ab etwa 900 n. Chr. entstand. Die Inka unterwarfen Hunderte kleiner Königreiche und wurden zu Herrschern eines Reichs, das sich über 4000 km erstreckte.

Das Reich regieren

Zum Reich gehörten viele verschiedene Völker mit unterschiedlichen Sprachen. Die Inka-Sprache war aber die offizielle, überall benutzte Sprache. Die Menschen wurden streng kontrolliert und mussten an den Staat Steuern in Form von Arbeitsdienst oder Waren zahlen. Rebellische Volksgruppen wurden zwangsweise in Regionen umgesiedelt, wo sie von Fremden umgeben waren.

Machu Picchu

Interessantes

- **Die Inka-Straßen waren sehr schmal, denn man kannte keine Karren mit Rädern. Den Gütertransport übernahmen Lamas oder Menschen.**
- **Die Bauwerke der Inka sind so stabil, dass viele davon Erdbeben überstanden, die moderne Bauten zerstörten.**

Schon gewusst?

Machu Picchu gehört zu den faszinierendsten Stätten der Inka-Kultur. Die Stadt wurde hoch in den Anden auf einem Bergrücken erbaut. Sie könnte der königlichen Familie als Sommerresidenz gedient haben.

Die Ruinen der Stadt Machu Picchu

Inka-Straßen

Die Inka bauten ein Netz von Straßen zur Erschließung ihres Herrschaftsgebiets. Diese Straßen sind mit kleineren Wegen und Pfaden verbunden, die sich über das gesamte Reich erstrecken. An den Straßen gab es Herbergen und Lagerhäuser. Läufer nutzten diese Straßen, um offizielle Botschaften zu überbringen.

Baumeister

Die Inka waren sehr begabte Baumeister. Sie veränderten sogar die Landschaft durch das Anlegen von Terrassen. Sie verbauten zum Teil gewaltige Steinblöcke, die mit Hebeln, Rollen und Seilzügen an Ort und Stelle gerückt wurden, perfekt ineinanderpassten und ohne Zement hielten.

Das Ende des Reichs

1532 traf der spanische Konquistador Pizzaro mit seinen Soldaten in Peru ein. Kaum ein Jahr später wurde der Inka-Herrscher Atahualpa hingerichtet, und das Inka-Reich brach zusammen.

Die Maya

Um 1940 berichteten die Forscher John Stephens und Frederick Catherwood von der Entdeckung „vergessener Städte“ im Dschungel Mittelamerikas. Diese Städte gehörten zur Maya-Kultur.

Städte und Tempel

Offenbar haben die Maya um 300 v. Chr. mit dem Bau dieser Städte begonnen. Es waren politische und religiöse Zentren, in denen Adel und Priester lebten. Das einfache Volk lebte in der ländlichen Umgebung. Jede Stadt hatte einen Kernbereich mit Tempeln, dem Königspalast und den Häusern der Adligen. Es gab auch öffentliche Plätze. Die meist pyramidenförmigen Tempel und die anderen Gebäude waren mit Reliefbildern von Menschen, Tieren und mysteriösen Symbolen verziert.

Der Tempel in Tikal, Guatemala

Relief von König B'alam Ya Acal

Interessantes

- **Die Maya schrieben auf Papier, das aus Bast gefertigt wurde, und meißelten Inschriften in Stein.**
- **Manche Kriege wurden geführt, um die Kriegsgefangenen den Göttern opfern zu können.**

Die Pyramide in der Maya-Stadt Chichén Itzá

Friedliche Menschen?

Zunächst hielten die Archäologen die Maya für friedlich, da ihre Städte nicht durch Mauern geschützt waren. Dann gelang es, die in den Tempeln eingemeißelten Symbole zu entziffern. Demnach war jede Stadt das Zentrum eines eigenen Königreichs. Zwischen diesen gab es zahlreiche Kriege, die dabei gemachten Gefangenen wurden häufig geopfert.

Das Ballspiel

Auf speziellen Plätzen nahe den Tempeln spielten die Maya Ball. Ein Hartgummiball musste mithilfe von Armen und Schenkeln ans Ende des Spielfelds oder durch einen in der Wand angebrachten Steinring befördert werden. Der Einsatz von Füßen oder Händen war nicht erlaubt. Die Verlierer konnten den Göttern geopfert werden.

Das Reich der Maya

Ring für das Ballspiel

Leben der Maya

In den Maya-Städten herrschten Könige und Fürsten. Bauern bearbeiteten das umliegende Land.

Gottkönige

Die Könige waren in der Maya-Religion sehr wichtig. Bei religiösen Zeremonien nahmen sie den Platz der Götter ein, und einige wurden nach ihrem Tod selbst zu Göttern. Die Könige waren auch für eine erfolgreiche Ernte verantwortlich.

Mächtige Fürsten

Die Maya-Fürsten waren häufig Verwandte des Königs. Sie besaßen große Häuser und viel Macht, mussten aber dem König dienen. Die Fürsten führten die Truppen im Krieg, erhoben Steuern und organisierten Bauprojekte. Auch Frauen konnten wichtige Ämter innehaben.

Interessantes

- **Metall war sehr wertvoll. Den Göttern opferte man Objekte aus Gold, die manchmal in einen heiligen See geworfen wurden.**
- **Für die Maya waren Höhlen Tore zur Unterwelt. Viele Höhlen waren auch Schreine. In einer gibt es mehr als 100 Wandbilder – 2 km unter der Oberfläche.**

Der Jaguarthron

Der Jaguarthron wurde in der Stadt Chichén Itzá entdeckt. Die Maya-Könige identifizierten sich mit dem mächtigen Jaguar.

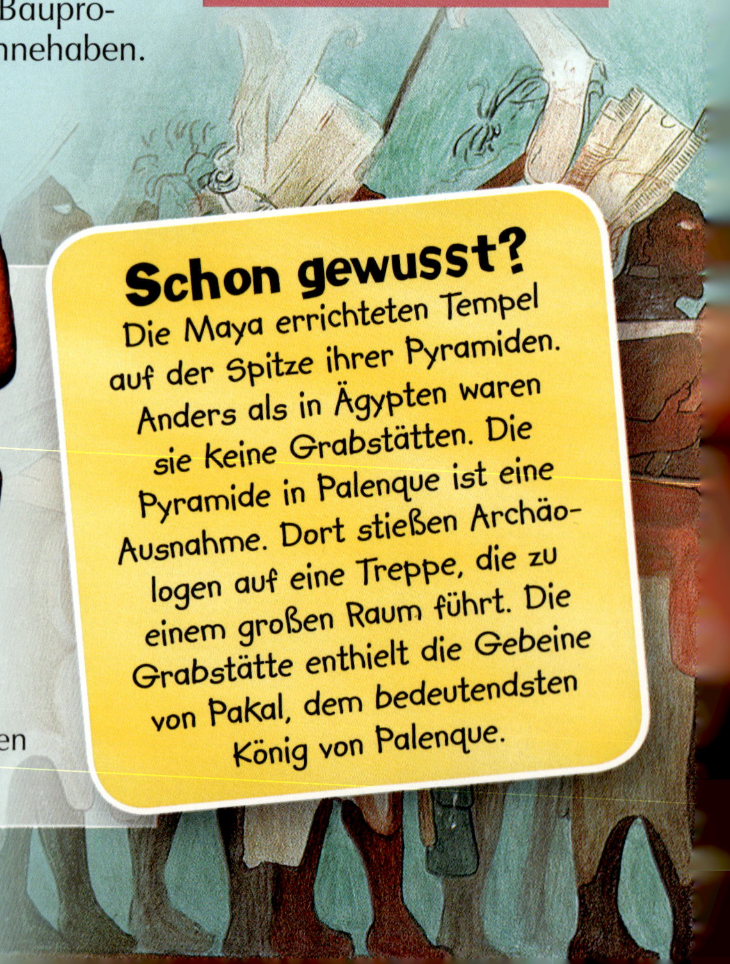

Schon gewusst?

Die Maya errichteten Tempel auf der Spitze ihrer Pyramiden. Anders als in Ägypten waren sie keine Grabstätten. Die Pyramide in Palenque ist eine Ausnahme. Dort stießen Archäologen auf eine Treppe, die zu einem großen Raum führt. Die Grabstätte enthielt die Gebeine von Pakal, dem bedeutendsten König von Palenque.

Die Menschen

Die meisten Maya waren Bauern, die Mais, Kürbis, Bohnen, Wurzelgemüse und Chili anbauten. Sie mussten dem König Steuern in Form von Arbeit oder Abgaben entrichten. Die Landwirtschaft war anstrengend, denn es gab keine Metallwerkzeuge oder Tiere zum Ziehen der Pflüge. Auch das Rad war den Maya nicht bekannt, was den Transport sehr erschwerte.

Was geschah mit den Maya?

Im 9. Jahrhundert verließen die Maya ihre Städte, und die offiziellen Aufzeichnungen endeten. An manchen Orten war es eine langsame Veränderung, an anderen verlief sie plötzlich. Vielleicht konnte das Land die vielen Menschen nicht mehr ernähren, vielleicht waren Dürre oder Krieg die Ursache. Als die Spanier 1524 eintrafen, waren Palenque (oben) und die anderen großen Siedlungen bereits verlassen.

Wandgemälde mit Maya-Musikanten in einem Tempel in Bonampak

Die Azteken

Die ursprünglich in den nördlichen Wüsten Mexikos beheimateten Azteken wanderten im 13. Jahrhundert weiter nach Süden. Dort gründeten sie ein mächtiges Reich und beherrschten im 15. Jahrhundert große Teile Mittelamerikas.

Tenochtitlán

Die wichtigste Azteken-Stadt war das um 1325 n. Chr. gegründete Tenochtitlán. Die Stadt und die umliegenden Siedlungen wuchsen sehr schnell. Bei Ankunft der Spanier 1519 lebten dort rund eine Million Menschen. Das Zentrum von Tenochtitlán befand sich mitten im Texcocosee auf einer von den Azteken geschaffenen künstlichen Insel.

Interessantes

- **Die Spanier haben Tenochtitlán weitgehend zerstört. Wir sind daher auf deren Beschreibungen der Stadt angewiesen. Alle Überreste liegen unter dem modernen Mexico City begraben.**
- **Der Haupttempel von Tenochtitlán war dem Regengott Tlalco und dem Sonnengott Huitzilopochtli geweiht.**

Die Stadt im See

Auf der Insel stand der Königspalast, aber dort lebten auch viele einfache Leute. Die meisten Häuser waren nur einstöckig, die Straßen bildeten ein Gittermuster. Die Stadt bestand aus 20 Stadtteilen, die durch Straßen und Kanäle miteinander verbunden waren. Auf Chinampas, schwimmenden Gärten, wurde Gemüse angebaut. Die Böden der Chinampas waren sehr fruchtbar und über die Kanäle einfach zu bewässern. Die Hauptinsel war durch Straßen, die über Dämme verliefen, mit dem Ufer verbunden.

Schon gewusst?

Die Azteken betrieben Landwirtschaft, nutzten aber auch Wildpflanzen. Aus Algen, die sie von der Seeoberfläche abschöpften, machten sie einen eiweißreichen Kuchen.

Diese Zeichnung zeigt, wie Tenochtitlán ausgesehen haben könnte.

Eine Azteken-Pyramide, Illustration aus dem 19. Jahrhundert

Tempel und Paläste

Im Zentrum der Stadt befanden sich viele wichtige Gebäude. Der Große Tempel hatte die Form einer Stufenpyramide. Auf seiner Spitze gab es zwei Altäre. In der Nähe stand der Königspalast mit Hunderten von Räumen und Höfen auf mehreren Ebenen. Der König wohnte ganz oben. Dann gab es dort noch Bibliotheken, Waffenkammern, Gerichtsräume, Werkstätten und die Palastküche. Jeden Tag kamen viele Hundert Adlige und Hofbeamte zu den Audienzen des Königs.

Teotihuacán

Die Stadt Teotihuacán in Mexiko wurde um 100 v. Chr. gegründet, doch man weiß nicht von wem. Ihre größte Bedeutung hatte die Stadt zwischen 300 und 600 n. Chr. mit bis zu 200 000 Einwohnern. Als die Azteken rund 1000 Jahre später in die verlassene Stadt kamen, gaben sie ihr den Namen Teotihuacán – „Stadt der Götter“.

Die Gefiederte Schlange

Innerhalb der Zitadelle befindet sich der Tempel der Gefiederten Schlange. Ursprünglich war er an allen Seiten mit Steinplatten verkleidet, aus denen die riesigen Köpfe gefiederter Schlangen herausragten. Heute ist nur noch eine Steinplatte erhalten. Der steinerne Schlangenkopf wiegt rund vier Tonnen.

Die Stadt

In Teotihuacán mit seinen engen, geraden Straßen, die von Häusern gesäumt wurden, lebten sehr viele Menschen. Durch das Zeremonialzentrum verlief eine schnurgerade Straße, heute „Straße der Toten“ genannt. Sie verband die Mondpyramide mit dem als Zitadelle bezeichneten Bereich. Auf halber Strecke lag seitlich die Sonnenpyramide, ein weiterer gewaltiger Tempel.

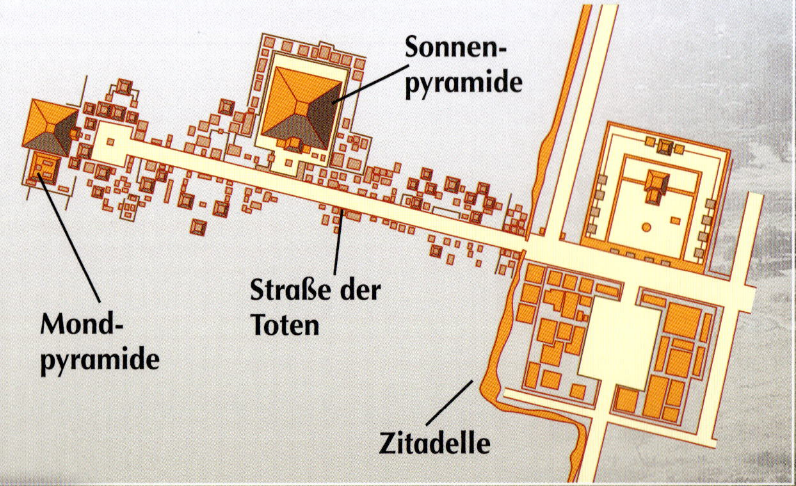

Opfer für die Gefiederte Schlange

Beim Tempel der Gefiederten Schlange fanden Archäologen Gruben mit den Gebeinen von 120 geopferten Menschen. Es scheinen überwiegend Krieger gewesen zu sein. Knochenuntersuchungen ergaben, dass die meisten nicht aus Teotihuacán stammten. Wir wissen nicht, warum diese Menschenopfer stattfanden und weshalb die Skulpturen der Gefiederten Schlange so wichtig waren.

Die Sonnenpyramide

Das Ende der Azteken

Bei den Azteken stand die Religion im Zentrum ihres Lebens. Als 1519 die Spanier auftauchten, dachten viele, ihr Gott Quetzalcoatl sei zurückgekehrt. Die Azteken erkannten nicht, dass die von Hernán Cortés angeführten Spanier ihr Reich zerstören wollten.

Quetzalcoatl

Quetzalcoatl

Die Azteken glaubten, ihr hellhäutiger Gott Quetzalcoatl sei nach Osten verschwunden, werde aber wiederkehren. Als man dem Azteken-König Moctezuma II. von der Ankunft hellhäutiger Menschen im Osten berichtete, dachte er, Quetzalcoatl sei zurückgekommen. Er übersandte den Besuchern wertvolle Geschenke und lud sie in seine Hauptstadt ein.

Im Zentrum dieses bemalten Steins ist der Gott Tonatuih dargestellt.

Schon gewusst?

Die Spanier brachten auch ihre Krankheiten mit. Viele Einwohner Tenochtitláns erkrankten an Pocken und starben.

Spanische Eroberer

Die 1519 in Südamerika angekommenen hellhäutigen Menschen waren spanische Konquistadoren und Soldaten. Die reichen Geschenke der Azteken weckten in ihnen die Gier – sie wollten mehr. Als Moctezuma sie in die Stadt Tenochtitlán ließ, nahmen sie ihn gefangen. Er wurde 1520 ermordet, und das Azteken-Reich zerfiel.

Schätze

Die Spanier raubten fast alle Schätze Moctezumas und brachten sie ab 1520 per Schiff nach Spanien. Einige der Azteken-Schätze blieben erhalten und sind in europäischen Museen ausgestellt. Viele Dinge gingen verloren wie dieser Kopfschmuck mit Federn (hier eine moderne Rekonstruktion), den Kinder des spanischen Adels zur Verkleidung benutzten.

Australien

Während der letzten Eiszeit lag der Meeresspiegel wesentlich niedriger als heute. Australien, Neuguinea und Tasmanien waren durch Landbrücken verbunden, über die Menschen aus Asien dorthin gelangen konnten.

Die ersten Menschen

Die ersten Zuwanderer besiedelten zunächst die Küste Australiens und einige Flusstäler, von wo aus sie das Land erkundeten. Sie waren die Vorfahren der australischen Ureinwohner, der Aborigines.

Abgeschnitten

Als sich die Erde erwärmte, schmolz das Eis, und der Meeresspiegel stieg. Um 5000 v. Chr. wurden viele Küstenbereiche überflutet und Australien von seinen Nachbarn abgeschnitten. Die Menschen mussten in das karge Landesinnere umsiedeln. Auf der Suche nach Nahrung zogen sie umher, ließen sich zeitweilig nieder und betrieben Handel mit anderen Gruppen.

Interessantes

- **Der Uluru, früher Ayers Rock genannt, ist ein Sandsteinberg in der australischen Wüste. Er ist über 300 m hoch und hat an der Basis einen Umfang von 9 km.**
- **Die Aborigines-Stämme tauschten untereinander verschiedenfarbige Erde, die sie für ihre Felsbilder brauchten.**

Große Tiere

Die ersten Australier teilten sich bei ihrer Ankunft den Kontinent mit einigen großen Tieren wie dem riesigen Diprotodon. Sie scheinen dieses heute ausgestorbene Beuteltier aber nicht gejagt zu haben. Die Menschen jagten kleinere Tiere, sammelten wilde Grassamen und wohnten unter schützenden Felsüberhängen.

Felsbilder

Die frühen Bewohner Australiens malten auf Felswänden wunderschön kolorierte Bilder. Viele davon sind bis heute erhalten. Sie zeigen Handabdrücke, Muster und große Figuren. Es werden Tiere, aber auch andere Figuren und Geister dargestellt. Diese Handabdrücke findet man in einer Höhle im Nationalpark Bungle Bungle in Westaustralien.

Der Uluru ist heute eine der heiligsten Stätten der Aborigines und war vermutlich schon vor Tausenden von Jahren sehr wichtig.

Glossar und Zeitleiste

Agora
Zentraler Versammlungsort und Marktplatz einer griechischen Stadt

Ägyptologe
Wissenschaftler, der das alte Ägypten erforscht

Akropolis
Hoch gelegene Oberstadt mit dem Tempelbereich in griechischen Städten

Amphitheater
Ovales, oben offenes Gebäude mit ansteigenden Sitzreihen und einer Arena zur Veranstaltung von Gladiatorenkämpfen in römischen Städten

Amphore
Bauchiges, unten spitz zulaufendes Tongefäß mit zwei Henkeln zur Lagerung und zum Transport von Flüssigkeiten wie Wein oder Öl

Amulett
Glücksbringer zum Umhängen; manchmal in Form einer Gottheit

Aquädukt
„Wasserleitung"; Brückenbauwerk mit einem oben liegenden Kanal für frisches Wasser

Archäologe
Wissenschaftler, der die Relikte früherer Kulturen erforscht

Arena
Der Kampfplatz eines römischen Amphitheaters

Atrium
Hauptraum eines römischen Hauses mit einer großen Dachöffnung und einem Regenwasserbecken

Balsamierung
Konservieren eines Leichnams mithilfe von Chemikalien, Salben und Duftstoffen

Daten
Viele der in diesem Buch angegebenen geschichtlichen Daten tragen den Zusatz „v. Chr." für „vor Christus" bzw. „n. Chr." für „nach Christus" – für Daten vor oder nach der sogenannten Zeitenwende. Einige Daten sind mit dem Zusatz „ca." versehen. Diese Abkürzung steht für das lateinische „circa", also „ungefähr", weil manche Daten nicht genau festzulegen sind.

v. Chr.

ca. 100 000 Erste Spuren moderner Menschen im Nahen Osten; vor 50 000–20 000 Jahren wandern die ersten Menschen über damals bestehende Landbrücken nach Australien und Amerika ein.

ca. 30 000–20 000 In europäischen Höhlen wie in Lascaux entstehen wichtige Kunstwerke.

ca. 10 500 Menschen siedeln sich in Jericho an.

ca. 10 000–8000 Beginn der Landwirtschaft im Nahen Osten; um 2000 v. Chr. breitet sich die Landwirtschaft nach Nord- und Westeuropa aus.

ca. 8000 Der Meeresspiegel steigt nach dem Ende der Eiszeit: Nordamerika wird von Asien, Australien von Asien getrennt. Um 5000 v. Chr. ist Tasmanien eine Insel, und viele Küstensiedlungen in Australien liegen nun unter Wasser.

ca. 3500 In Mesopotamien entstehen die ersten Städte.

Barbaren
Als Barbaren bezeichneten Griechen und Römer die Völker, die außerhalb ihres Reichs lebten und fremde Sprachen sprachen.

Bürger
Mit allen Rechten ausgestatteter Einwohner einer Stadt, oft nur die dort geborenen Männer; Sklaven konnten keine Bürger sein.

Centurio
Im römischen Heer Befehlshaber einer Zenturie mit 80 Mann

Delta
Der dreieckige Mündungsbereich eines Flusses ins Meer, beispielsweise das Nildelta

Demokratie
Aus Griechenland stammende Regierungsform, bei der die Bürger ihre politischen Führer wählten

Demotisch
Eine Kurzschriftversion der ägyptischen Schrift

Dynastie
Abfolge von Herrschern aus einer Familie

Elfenbein
Das Material, aus dem die Stoßzähne von Elefanten bestehen; in der Antike ein begehrtes Handelsgut

Feuerstein
Hartes Gestein, aus dem man scharfe, spitze Klingen herstellen kann

Forum
Zentraler Platz einer römischen Stadt für Märkte und Volksversammlungen; häufig von öffentlichen Gebäuden und Tempeln eingerahmt

ca. 3100 König Narmer (Menes) vereint Ober- und Unterägypten.

ca. 3000 Die mesopotamische Stadt Uruk zählt nun viele Einwohner. Der Gebrauch schriftlicher Dokumente ist üblich.

ca. 2580 Fertigstellung der Cheopspyramide in Ägypten

ca. 2500 Bau und Belegung der Königsgräber in Ur

ca. 2500–1800 Entwicklung und Blüte der Industalkultur

ca. 2300 Entstehung des akkadischen Reichs in Mesopotamien

ca. 2150 Aufstieg des sumerischen Reichs mit Ur als Hauptstadt

ca. 2000 Errichtung der Megalithanlage in Stonehenge, Großbritannien

ca. 2000–ca. 1450 Entwicklung und Blütezeit der minoischen Kultur auf Kreta

ca. 2000 Erste Belege für Landwirtschaft, Töpferei und Metallbearbeitung in Südamerika

1792–1750 Hammurabi herrscht in Babylon.

ca. 1700 Die Könige der Shang-Dynastie herrschen über große Teile Chinas.

ca. 1550–1070 Bau der ägyptischen Königsgräber im Tal der Könige

ca. 1479 Hatschepsut wird Königin von Ägypten.

ca. 1450 Ausbruch eines großen Vulkans auf der Insel Thera in der Nähe von Kreta

ca. 1350 Der Palast von Knossos auf Kreta wird von einem Feuer zerstört.

ca. 1327 Tod und Beisetzung des jungen ägyptischen Königs Tutanchamun

ca. 1250 Bau des Löwentors in Mykene; auch andere mykenische Städte erhalten Mauern.

ca. 1250 Vermutlicher Zeitpunkt des Trojanischen Kriegs

Glossar und Zeitleiste

Gladiator
Kämpfer, häufig ein Sklave oder Verbrecher, der im römischen Amphitheater gegen andere Gladiatoren antrat; ein *bestiarius* kämpfte gegen Tiere.

Greif
Fabelwesen mit einem Löwenkörper und -kopf sowie Schwingen eines Adlers

Hieratisch
Eine vereinfachte Version der ägyptischen Hieroglyphen

Hieroglyphen
Im alten Ägypten benutzte Schrift mit Bildsymbolen

Hoplit
Ein griechischer Fußsoldat

Insula
Haus mit Mietwohnungen in einer römischen Stadt

Kapitell
Oberer Abschluss einer Säule

Keilschrift
In Mesopotamien entwickelte Schrift mit keilförmigen Zeichen

Lapislazuli
Ein blauer Halbedelstein

Legende
Über Generationen weitererzählte Geschichte; kann eine wahre Begebenheit als Hintergrund haben

Leinen
Aus Flachsfasern gefertigtes Gewebe

Mastaba
Aus Ziegeln errichtete Grabstätte in Ägypten; vor der Zeit der Pyramiden üblich

ca. 1200 Ende der mykenischen Kultur

ca. 1027 Die Zhou-Dynastie beendet die Shang-Herrschaft in China.

ca. 1000 Die Griechen beginnen mit der Gründung von Kolonien außerhalb Griechenlands.

ca. 1000 Die Latiner siedeln sich im Gebiet von Rom an.

776 Austragung der ersten Olympischen Spiele

668–627 Das assyrische Reich erreicht unter König Ashurbanipal II. seinen Höhepunkt.

612–609 Untergang des assyrischen Reichs

551 Kyros II. begründet nach der Vereinigung von Medien und Persien durch die Unterwerfung Babylons das persische Reich.

546 Die Perser erobern griechische Kolonien in Ionien (heute Türkei).

525 Die Perser erobern Ägypten.

522 Dareios I. wird persischer König. Er lässt Persepolis erbauen und erweitert das Reichsgebiet.

509 Vertreibung des letzten römischen Königs und Gründung der Römischen Republik

500–499 Griechische Kolonien rebellieren gegen die Oberherrschaft der Perser.

490 Die Perser fallen in Griechenland ein, werden aber bei Marathon geschlagen.

480 Der Perserkönig Xerxes dringt erneut in Griechenland ein. Sein Vorstoß wird bei den Thermopylen aufgehalten, doch er kann Athen einnehmen. Xerxes wird aber dann bei Salamis besiegt.

479 Die Perser werden nach ihrer erneuten Niederlage bei Plataä aus Griechenland vertrieben.

449 Bau des Parthenon-Tempels in Athen

431–404 Peloponnesischer Krieg: Sparta überfällt, belagert und erobert Athen; dann bekämpfen sich die Stadtstaaten untereinander.

Megalithe
Aus großen Steinen errichtete Monumente der Jungsteinzeit; in vielen Teilen Europas zu finden, mit Stonehenge als bekanntestem Beispiel

Mosaik
Aus kleinen Stein-, Ton- oder Glasstücken zusammengesetztes Muster oder Bild; häufig als Fußboden in römischen Villen zu finden

Mumie
Einbalsamierter Leichnam, besonders aus Ägypten bekannt

Obsidian
Dunkles, glasartiges Gestein vulkanischen Ursprungs, das sich sehr scharf schleifen lässt

Opfer
Ein Geschenk an einen Gott oder eine Göttin; geopfert wurden Speisen, Gold oder wertvolle Gegenstände, manchmal auch Tiere oder Menschen

Orakel
Priester und Priesterinnen, die als „Sprachrohr" der Götter deren Botschaften vermitteln; Deuten der Zukunft aus bestimmten Zeichen

Papyrus
Aus dem Stängelmark der Papyrusstaude gefertigtes, papierähnliches Material; ursprünglich in Ägypten gebräuchlich

Patrizier
Römischer Bürger aus einer alten Adelsfamilie

Plateau
Hochebene; hoch gelegene, ebene Landfläche

Plebejer
Römischer Bürger einfacher Herkunft

359 Philipp II. wird König von Makedonien.

338 Philipp besiegt eine Allianz griechischer Stadtstaaten.

337 Philipp II. stirbt, sein Sohn Alexander besteigt den Thron.

334 Alexander marschiert mit seinen Truppen in Kleinasien ein.

333 Alexander besiegt bei Issos den Perserkönig Dareios III. und vernichtet das persische Heer bei Gaugamela. Er erobert weitere Länder, einschließlich Ägypten, und zieht in Richtung Indien.

323 Alexander stirbt in Babylon.

ca. 300 Die Maya beginnen mit dem Bau von Städten in Mittelamerika.

241 Sizilien wird das erste römische Territorium außerhalb des italienischen Mutterlandes.

221 Qin Shihuangdi wird erster Kaiser in China.

218 Hannibal, der karthagische Feldherr, greift Rom an.

216 Schlacht bei Cannae: Die Karthager besiegen die Römer.

210 Qin Shihuangdi stirbt.

202 Die Römer schlagen die Karthager und deren Verbündete und gewinnen dadurch neues Territorium hinzu. 146 v. Chr. wird Karthago zerstört. Beginn der Han-Dynastie in China

107 Marius beginnt mit seiner Heeresreform und der Schaffung einer römischen Berufsarmee.

ca. 100 Anfänge der Nazca-Kultur in Südamerika

58–51 Julius Cäsar erobert Gallien.

55 Cäsars Truppen überfallen Britannien.

49 Cäsar kehrt nach Rom zurück und ergreift die Macht. Ausbruch des Bürgerkriegs

44 Cäsar wird von einer Gruppe Senatoren ermordet.

Glossar und Zeitleiste

Pyramide
Großes Bauwerk mit quadratischem Grundriss und glatten, nach oben spitz zulaufenden Seitenflächen

Rammbock
Meist mit einer Metallspitze verstärkter Baumstamm zum Niederreißen von Mauern

Regent
Allgemein Herrscher oder mit den Regierungsgeschäften betrauter Stellvertreter eines minderjährigen Herrschers

Reich
Gruppe von Ländern oder Völkern, die von einem Herrscher regiert werden; oft auch als Imperium bezeichnet

Republik
Ein Staat, in dem die Staatsgewalt vom Staatsvolk ausgeht; Gegenteil von Monarchie

Rhyton
Antikes Gefäß in Form eines Tierkopfes oder Horns zum Ausschenken von Getränken bei religiösen Zeremonien

Sarkophag
Meist verzierter Sarg aus Stein oder Metall

Schlick
Von einem Fluss abgelagerte feine, fruchtbare Erde

Schreiber
Jemand, der schriftliche Aufzeichnungen verfasst

Seidenstraße
Alte Handelsroute, die von China über Zentralasien und den Nahen Osten zum Mittelmeer und nach Europa führte

42 Cäsars Mörder werden in Philippi von Marcus Antonius und Octavian, Cäsars Erben, besiegt. Sie teilen das Reich unter sich auf.

ca. 33 Bürgerkrieg zwischen Marcus Antonius und Octavian

31 Octavian besiegt Marcus Antonius und die ägyptische Königin Kleopatra in Actium. Im Jahr darauf wird Ägypten Teil des Römischen Reichs.

27 Octavian nimmt den Namen Augustus an, nachdem er zum „Ersten unter Gleichen" ernannt wurde – tatsächlich ist er der erste Kaiser.

n. Chr.

ca. 1–800 Die Moche-Kultur erblüht in Südamerika.

43 Britannien wird von den römischen Truppen unter Kaiser Claudius erobert.

64 Ein gewaltiges Feuer zerstört große Teile Roms.

79 Eröffnung des Kolosseums in Rom. Ein gewaltiger Vulkanausbruch zerstört Pompeji und Herculaneum.

117 Größte Ausdehnung des Römischen Reichs. Nach seiner Thronbesteigung reduziert Hadrian das Reich auf eine beherrschbare Größe und befestigt die Grenzen. Bau des Hadrianswalls in Britannien (122–127)

ca. 200 Die Menschen der Hopewellkultur errichten in Ohio (USA) große Erdhügel.

284 Diokletian wird römischer Kaiser und teilt das Reich in einen Ost- und Westteil auf.

Sklave
Ein Mensch (Mann, Frau oder Kind), der Eigentum eines anderen Menschen ist. Sklaven hatten keine Rechte, konnten ge- und verkauft werden.

Sphinx
Ägyptisches Fabelwesen mit dem Körper eines Löwen und dem Kopf eines Menschen, meist eines Königs

Stadtstaat
Eine sich selbst und das unmittelbare Umland regierende Stadt

Streitwagen
Von Pferden gezogener, meist zweirädriger Wagen für Kampf, Jagd oder Rennen

Strigilis
In der Antike benutzte gebogene Metallklinge zum Abschaben des mit Öl gebundenen Schmutzes von der Haut

Stufenpyramide
Pyramidenbauwerk mit nach oben immer kleiner werdenden Ebenen

Terrakotta
Gebrannter Ton und die daraus gefertigten Statuen oder Gefäße

Torques
Gedrehter Halsring aus wertvollem Metall; bei den Kelten weitverbreitet

Wesir
Oberster Beamter und Berater des ägyptischen Pharao

Zikkurat
Turmartiger Tempel in Mesopotamien mit nach oben hin kleiner werdenden Stufen

ca. 300–800 Blütezeit der Maya in Zentralamerika

ca. 300–600 Die Stadt Teotihuacán im heutigen Mexiko floriert.

312 Konstantin wird Kaiser des gesamten Römischen Reichs. 330 verlegt er dessen Hauptstadt nach Byzanz im Osten.

395 Erneute und endgültige Teilung des Römischen Reichs. Die römische Armee beginnt mit dem Rückzug aus Britannien und Gallien.

402–410 Barbarenstämme fallen in Italien ein und erreichen Rom. 409 Invasion in Spanien

451 Attilas Hunnenarmee und deren germanische Verbündete werden in Gallien von den Römern und deren Verbündeten besiegt.

455 Die germanischen Vandalen fallen in Italien ein, erobern und plündern Rom.

476 Der letzte weströmische Kaiser wird von Odoaker, dem Anführer der barbarischen Hilfstruppen, abgesetzt.

800 Beginn der Besiedlung des Chaco Canyon in New Mexico. Im 12. Jahrhundert bricht die Bautätigkeit der Pueblo-Kultur dort ab, im 13. Jahrhundert wird das Coloradoplateau mit Mesa Verde aufgegeben.

ca. 1200 Die Inka sind nun das mächtigste Volk in Südamerika, Cuzco ist ihre Hauptstadt. Das Inka-Reich setzt seine Expansion bis zum Ende des 14. Jahrhunderts fort. 1533 wird Cuzco von den Spaniern erobert.

ca. 1325 Gründung der Stadt Tenochtitlán durch die Azteken

1519 Die Spanier erreichen Tenochtitlán.

1521 Zusammenbruch des Aztekenreichs

1524 Spanische Konquistadoren erreichen das ehemalige Zentrum des Maya-Territoriums.

1532 Ankunft der Spanier in Peru und Zusammenbruch des Inka-Reichs

ABBILDUNGSNACHWEIS

u = unten, o = oben, r = rechts, l = links, M = Mitte

Corbis

1, 2–3, 8–9, 10–11, 12l, 12r, 13, 14–15, 14, 16–17, 16, 17u, 18–19, 22–23, 22o, 22u, 24–25, 24, 25, 26, 27, 29or, 32–33, 33, 34–35, 34, 36–37, 36, 37o, 37u, 38–39, 38, 39, 40–41, 40o, 40u, 40–41, 41, 42–43, 42, 43o, 43u, 44–45, 45o, 45u, 46–47, 46, 48–49, 48, 49l, 49r, 50–51, 51ol, 51or, 51u, 52–53, 52, 53o, 53u, 55o, 55u, 56–57, 56, 57, 58–59, 59or, 59l, 60–61, 60, 61, 62–63, 62, 63u, 64, 65, 66–67, 68–69, 68, 69, 70–71, 70, 72–73, 73, 76–77, 77o, 77u, 78–79, 79, 80, 81, 82, 83, 84–85, 85, 87o, 87ur, 87ul, 88–89, 88l, 88r, 89, 90–91, 90, 91, 93o, 93u, 94–95, 95o, 95u, 96–97, 98–99, 99o, 99u, 100–101, 102–103, 102, 103l, 103r, 106l, 106r, 107o, 106–107, 108–109, 108u, 109, 110–111, 110o, 110u, 112–113, 112, 113, 114–115, 116–117, 117, 119, 120–121, 120, 121o, 122–123, 126–127, 128–129, 129u, 130–131, 130, 131, 132–133, 132l, 132r, 134–135, 134, 135, 136–137, 138–139,138, 139o, 140–141, 141, 142, 142–143, 143, 144–145, 144, 145o, 145u, 146, 147u, 148, 149o, 148–149, 150–151, 150, 151or, 151ol 151u, 152, ,152–153, 153ol, 153r, 154–155, 154, 155, 156, 157, 156–157, 158–159, 161, 162, 162–163, 164–165, 166–167, 167o, 167u, 168–169, 169o, 169u, 170o 170u, 171o 171u, 172–173, 173, 174–175, 174, 175, 176–177, 176, 177, 178–179, 180–181, 181, 182–183,182, 183, 184–185, 185, 188–189, 189u, 190–191, 191, 192–193, 193o, 193u, 194–195, 194, 195, 196, 197, 198–199, 198o, 198u, 200–201, 200, 201, 202–203, 202, 203, 203u, 204–205, 205, 206–207, 207, 208–209, 208, 209, 210–211, 210, 211o, 211u, 212–213, 213, 213u

Getty Images

4–5, 6–7, 12–13, 15, 17o, 20–21, 21o, 26–27, 28–29, 29ol, 30, 32, 47M, 47u, 54–55, 63o, 64–65, 74–75, 74, 75l, 80–81, 86–87,92–93, 92, 97o, 100, 101,118–119, 124–125, 178–179, 180, 189o

GNP

122, 123o, 123u, 127o, 128, 129o, 137M, 147o, 146–7, 157o, 159o, 160

A/w from Parragon: 21u, 29u, 71, 75r , 184, 187